JN198209

相続実務に強くなる

難易度別82問

"守りから攻め"の

生前贈与・相続対策

税理士法人 タクトコンサルティング 編著

ぎょうせい

はじめに

　わが国の資産家を取り巻く環境は、大きな転換点を迎えています。

　資産移転の時期の選択に対して中立的な税制の構築の観点から、令和5年度税制改正により、令和6年1月以降の贈与税について暦年課税と相続時精算課税の見直しが行われ、また令和6年以降のマンションの相続税評価について通達の改正が行われており、資産家の皆さんの大きな関心を集めています。

　また、資産家の皆さんの相続の問題の多くは所有する財産の承継の問題であり、相続対策の検討に当たっては、税金以外にも、民法など関連する法律の理解も不可欠となります。

　以上の点を踏まえて本書では、当法人に所属する税理士が、実務でよく相談を受ける相続対策のポイントを、税務を中心に基本から応用まで幅広く82項目ピックアップし、Q&A方式でわかりやすく解説しました。このQ&A82問は、相続対策のポイントについて、基本的な考え方や、対策の検討の際に必要な税務や法務の基礎知識を解説したもの（いわば"守り"の知識として必要なQ&A）と、相続税の申告や税務調査および具体的な対策の手法を解説したもの（いわば"攻め"の知識として必要なQ&A）から成り、第1章から第5章までで"守り"のための項目を、第6章から第8章で"攻め"の項目について解説しています。特に第8章では、最近の課税当局による否認事例や裁判例の紹介など相続税対策を考える上での重要論点を解説しており、資産家の相続対策を考える上で便利な参考書としてご活用いただける内容であると自負しています。

　さらに本書では、各Q&Aの番号の前に★表示で内容のレベル感（★：初級レベル、★★：中級レベル、★★★：上級・専門家レベル）を示し、さらには相続対策でよく相談を受ける8のテーマ別のイン

デックスを付けて、読者の皆さんが読みやすいように配慮しています。相続対策について本書で勉強を始めようとする方は★の付したQ&Aを、既に一通りの知識をお持ちの方は★★の付したQ&Aを、相続対策を深いレベルで勉強したい方は★★★の付したQ&Aをお読みいただければ、本書を効果的に活用いただけると思います。

本書が、相続対策について関心をお持ちの資産家の方、あるいは資産家の皆さんに助言をされる税理士の先生方にご活用いただければ幸いです。

なお、本書の内容は令和6年10月1日現在施行の法令通達に基づいて執筆しています。今後の法令の改定等により記載内容に変更が生じる場合がありますので、あらかじめお断りしておきます。

令和6年10月

税理士法人タクトコンサルティング

【基本的な用語の定義】

◆本書で使用する基本的な用語の定義は次のとおりです。

- ・被相続人
  財産を遺して亡くなった者をいいます。

- ・相続人
  被相続人の財産および債務を承継する者をいいます。

- ・代襲相続人
  相続人となるべき被相続人の子または兄弟姉妹が、被相続人の相続開始前に死亡していた等により相続権を失った場合に、代わりに相続人となった相続人の子または兄弟姉妹の子（被相続人の孫や甥・姪）をいいます。

- ・推定相続人
  現状のままで相続が開始した場合に、相続権がある人をいいます。

- ・遺贈
  遺言により遺言者の財産を無償で譲ることをいいます。

- ・受遺者
  遺贈により財産を取得した者をいいます。

- ・包括受遺者
  包括遺贈（遺贈のうち、遺言により遺言者が相続財産を特定することなく、その全部または一部を特定の者に無償で譲ることをいいます。）により財産を取得する者をいいます。

- ・贈与者
  財産の贈与をする人をいいます。

- ・死因贈与
  贈与をした者の死亡により効力を生ずる贈与をいいます。

- ・受贈者

  贈与により財産を取得する者をいいます。

- ・課税価格

  相続税または贈与税の税額算出の直接の基礎となる金額をいいます。

【相続対策のテーマ別インデックス】

区分	主な相続対策のテーマ	該当する章	該当するQ&A	レベル
守りのQ&A	①相続対策の考え方について知りたい。	第1章	Q1〜Q7	★
	②土地の評価や、相続税の小規模宅地等の特例の適用のポイントが知りたい。	第2章	Q8〜Q18	★★：Q8〜Q18
	③相続対策のために不動産の組換えをする場合の譲渡所得の計算のポイントが知りたい。	第3章	Q19〜Q28	★：Q19、Q21、Q25、Q26 ★★：Q20、Q22〜Q24、Q27、Q28
	④相続対策のために財産の贈与をする場合の税務上の取扱いのポイントが知りたい。	第4章	Q29〜Q37	★：Q30、Q34、Q35、Q36 ★★：Q29、Q31、Q32、Q33、Q37
	⑤相続対策に関連する民法と信託の取扱いのポイントが知りたい。	第5章	Q38〜Q45	★★
攻めのQ&A	⑥相続税申告における、遺産分割、税額計算と納税資金対策のポイントが知りたい。	第6章	Q46〜Q60	★：Q46〜Q49、Q58、Q59 ★★：Q50〜Q57、Q60
	⑦相続税調査への対応のポイントが知りたい。	第7章	Q61〜Q66	★★
	⑧相続税対策を考える上で留意すべきポイントが知りたい。	第8章	Q67〜Q82	★★★

【Q&Aのレベル感（Q&A番号の上に表示しています）】

★　　　初級（これから相続対策について学ぼうとされる方）レベル

★★　　中級（相続対策について一通りの知識のある方）レベル

★★★　上級（相続対策について深く学びたい方・専門家向け）レベル

目　次

第3章　不動産の組換えにかかる譲渡所得の計算のポイント

第4章　贈与にかかる税金のポイント

第5章　相続対策に関連する民法・信託法のポイント

第1章

相続対策の考え方

★

1　相続対策の３原則

Q　相続対策の３原則を教えてください。

....

A　相続対策の原則は、①財産を相続人にどのように相続させるか（遺産分割）、②相続税をどのようにして支払うか（納税）、そして①と②を十分考えたうえで、③節税を検討することです。

解説

　相続対策というと、「相続税の節税対策」と考える方が多いようです。しかし、相続対策で一番重要なのは遺産分割の問題です。次に大事なのは、相続税の支払いです。この２つの対策ができた後にようやく節税対策の検討ができると考えるべきでしょう。

　過去にはバブル期に相続税の節税対策を優先・重視した結果、バブル崩壊後に資産価値が下落し、相続税どころか対策のための借入金利息さえも払えなくなったケースが起きたりしました。また、現在でもせっかく行った節税対策の効果が相続税の評価方法が変更されたことにより効力を失い、財産を処分して後に残ったのは借金という負の財産だけというケースも起きています。

　このようなことにならないように、バランスをとった相続対策を手がけなければなりません。また、生存中に対策を立案・実行するわけですから、年々の所得税対策も含めて遺産分割、納税を中心に、そして所得税や資産保有課税までも視野に入れた資産税対策でなければなりません。

　例えば、父の財産は相続税評価額で自宅（一人暮らし・敷地330㎡）１億7,000万円（うち土地１億5,000万円）・賃貸マンション１棟（立地が悪く入居率50％）２億円・現預金500万円・賃貸マンション建設にかかる借入金２億円（入居率が悪いためかろうじて返済できている

状態）・相続人は長男次男（共に借家住まい）の2人とします。現段階では特に適用できる特例が無く相続税額はおよそ2,600万円です。どのように分割すれば兄弟が納得し納税を済ませることができるでしょうか。

　節税からアプローチすれば、兄弟のどちらかが「小規模宅地等の特例のうち特定居住用宅地等」の適用が可能となるように要件を満たして自宅を取得すれば自宅の評価額が1億7,000万円から5,400万円に圧縮され、相続税額はおよそ130万円になります。大きく財産を失うことなく三大原則のうち納税と節税はクリアできました。

　しかし、一番重要な遺産分割はどうでしょうか。仮に長男が自宅を取得することで上記節税を図ったとします。次男は残ったマンションを相続することになります。見た目は長男が1億7,000万円の自宅を取得し、次男が2億円のマンションを取得しているのでバランスが取れているように見えます。ですが前述の通り次男が取得したマンションは多額の借入金付きであり、入居率が悪くかろうじて返済ができているという物件です。その後、更に入居率が下がり返済が困難となったため、借入金の返済のために売却をしたとします。結果、手元には恐らく何も残らないでしょう。かたや長男は1億7,000万円の自宅を引き継ぎ家賃の支払いもなく生活しています。これで次男は納得するでしょうか。

　目先の相続税節税を優先させるアプローチでは、遺産分割やその後の所得形成が棚上げされてしまい、このままでは恐らく遺産分割も納税もままならないでしょう。遺産分割ができなければ特例計算の適用もできず、節税策も頓挫してしまいます。

　相続対策においては一番重要な遺産分割に目途をつけ、納税資金を準備し、そのうえで節税対策をしないと全てが絵に描いた餅となりかねません。

（小関　祐子）

2　遺産分割対策

Q 遺産分割対策の考え方を教えてください。

・・

A 　まずは財産・債務をすべて洗い出して現状を把握することから始め、円満かつスムーズな遺産分割ができるように準備しておくことが大切です。

> **解説**

①　現状把握

　自分の財産がどのくらいあるか分からなくては遺産分割対策はできません。まずは現状を把握することから始めます。

　預金であれば通帳、不動産であれば毎年の固定資産税納税通知書で確認できます。先代名義のままの不動産も拾います。生命保険やゴルフ会員権も財産です。インターネットだけでやり取りをしているネット証券やネットバンクは本人しかその存在を知らないかもしれません。知人との債権債務も書面に残しておきます。

　作業をすすめるうちに、転勤先で開設してそのままになっている銀行口座や将来の値上がりを見込んで購入していた地方の土地を思い出すかもしれません。すべての財産債務を洗い出すというのは実は大変な作業になります。ですが、本人さえ把握できていないものを本人亡き後、相続人が見つけることは困難です。家族を困らせないために、自己の責任において一覧表にまとめていきましょう。

　一方でこの現状把握の作業で挫折する方も多いです。この段階ではあまり完璧を目指さず、わかっている範囲で②へ進むのもよいでしょう。

②　財産の分類・整備

　財産債務の全貌が明らかになったら、代々残していきたい財産、処

分してもよい財産、換金性の高い財産、有効活用を図る財産など、いろいろな観点から財産を色分けしていきます。

　家を継ぐ者には代々の土地だけではなくそれを維持していけるだけの収入源を、事業を承継させる者には事業用資産と株式を、併せて相続承継させることが望ましいでしょう。

　財産債務の一覧表を眺めていくうちに、財産が不動産ばかりで預貯金が少ないことに気づくかもしれません。自社ビルの敷地ばかりが価値が大きくて公平に遺産分割させることが難しいという場合もあります。

　遺産分割が難しい場合でも安易な共有はお勧めしません。生前に売却や交換・買換えなどで財産の組み替えをしたり、土地であれば隣地の土地所有者と権利関係を整理しておくなど、財産を受け継ぐ相続人が管理・処分し易いようしておきます。

　使っていない銀行口座の閉鎖手続きをしたり、生命保険や損害保険を見直すなど、この機会に財産を整理するのもよいでしょう。

③　遺言のすすめ

　遺言は何度でも書き直すことができます。実際に書いていくうちに考えがまとまっていくということもあるのではないでしょうか。

　遺言は遺産分割の基礎案にもなります。遺言があっても遺言で財産を相続・遺贈するとされている全員の同意があれば、遺言内容に従わずに改めて相続人全員の遺産分割協議によって遺産分割を行なうこともできるので、遺言の内容でよければそのとおり分割し、異論があればその遺言書をベースに相続人全員の協議によって遺産分割協議書を作成するということができるのです。

　また、遺言では、どのような考え方で財産を守っていってほしいかを伝えるだけでなく、「付言」として家族に対する自分の思いを書き記すことができます。遺産分割の考え方とあわせてこれまでの感謝の言葉を残すだけでも円満な分割協議につながります。　　　　（廣瀬　理佐）

3 納税対策

Q 相続税を払えるか心配です。納税方法や対策について教えてください。

・・・

A 納税期限までに現金で納付するのが原則ですが、延納・物納という制度もあります。ただし相続財産が未分割ではいずれの方法もとれないので、速やかな遺産分割が第一の納税対策といえます。

解説

1 現金納付

財産は多くても不動産や換金しにくい同族会社の株式ばかりという場合があります。一方で、十分な預金があるのに遺産分割が決まらずお金を引き出せないという場合もあるので注意が必要です。

⑴ 不動産活用による納税資金の確保

土地や家屋を賃貸に出すと賃料が入るうえ、相続税評価額も低くなります。相続人を株主や役員にした同族会社が賃貸事業を行えば、相続人が納税資金を貯えていくことができます。

⑵ 納税のための土地売却

土地を売却して納税資金に充てようとしたら「近隣との境界確定が済んでいない」「昔あった杭がいつの間にか無くなっていた」などの問題が発覚して、隣地所有者との調整で売却までに時間がかかったり、売却自体が難しくなることがあります。事前に点検して商品価値を高めておきましょう。生前に測量や分筆をすれば、測量費や分筆費用の支払いにより相続財産を減らす効果があります。

(3)　金庫株の活用

　財産の大半が非上場の同族会社株式であっても、株式を会社に買い取ってもらうことで納税資金を調達する方法があります。譲渡益に対して所得税がかかりますが、いくつかの要件に合えば平時に売却するよりも低い税金で済ませることができます。

② 延　納

　納税期限までに全額を金銭で納付することが難しい場合には延納制度がありますが、相続で取得した財産のみならず、相続人個人の貯蓄をもってしてもなお金銭納付が困難な場合に限られます。延納には担保が必要で、延納税額に対しては利子税がかかります（Q58参照）。

③ 物　納

　延納も困難である場合には相続財産による物納制度があります。超過物納部分を除けば譲渡所得税が課されず、相続税評価額で収納されます。ただし全ての相続財産が物納可能なわけではなく、物納適格条件を充足したものだけが収納され、物納の申請をしても却下されることがあります（Q58参照）。

④ 納税猶予

　「農地等の納税猶予」「非上場株式等の納税猶予」は対象の農地や非上場株式に対応する部分の相続税の納税を猶予する制度です。その財産を相続した相続人が農業や事業を長期に亘って継続することが大前提で、他にも詳細な要件が設けられています。農業や事業を受け継ぐ相続人の人生を左右するものであり、また手続きに時間がかかるので、生前から検討を始め、相続発生後は早めに取りかかる必要があります。

（廣瀬　理佐）

4 相続税節税対策

 Q 相続税節税対策の考え方を教えてください。

A 相続税の特性を踏まえ、「財産を減らす」「評価を下げる」「税率を下げる」などの角度から対策を考えます。

解説

相続税は相続開始時点の正味財産に対して累進課税で課税されます。この相続税の構造が分かると節税対策が見えてきます。

① 課税される財産を減らす

(1) 次世代への移転

極端な話、財産がなければ相続税はかかりません。子や孫に生前に贈与をします。基礎控除額を超える贈与には贈与税がかかり、贈与税の税率は相続税よりも高いですが、子や孫などの直系卑属に対する贈与税率は一般税率よりも軽減されています。将来課税される相続税の税率よりも低く済む金額の範囲内でコツコツ贈与を続ければ、結構な額を次世代へ渡すことができます。

(2) 消費する

無駄遣いは論外ですが、必要な高額支出は生前に済ませておきます。たとえば納税資金用に売却を想定している土地の境界確定が済んでいなければ測量をしておくのも良いでしょう。また、墓地の購入には数百万かかる場合がありますが、墓地は相続税の非課税財産ですので生前に購入すれば現預金が減ります。過度に華美なものでなければ、仏壇仏具も非課税財産です。

② 相続税計算時の評価を下げる

(1) 財産の評価を下げる

　土地や建物を賃貸すると借地権や借家権が発生することによる評価減等により評価が下がります。有効活用できていない更地や雑種地が逆に高い評価になってしまうこともよくあります。

　建物は建築価格と評価額に乖離がありますので、借入金で建物を建てると全体の評価が下がります。ただし相続税の節税だけを考えて無理な借入をするのは本末転倒です。収益性や返済見通しを慎重に検討する必要があります。

(2) 特例制度を最大限に利用する

　土地の評価方法に「地積規模の大きな宅地の評価」（Q8参照）という規定がありますが、評価単位毎に面積基準を判断しますので土地の利用状況によって適用・不適用が分かれるケースがあります。「小規模宅地等の特例」（Q12参照）も、一部の条件を満たせなかったために適用を受けられなかった、というケースもあります。また配偶者の税額軽減は3年以内に相続財産が分割されないと適用が受けられません。

　いろいろな特例制度が設けられていますが、それぞれ要件がありますので事前に調べて有効に活用できるように準備しておきたいものです。

③ 「適用される税率を下げる」

　相続税の計算過程では全体の正味財産を法定相続分で按分して累進税率が決まります。養子を1人迎えると基礎控除額が増えるだけでなく、課税財産の按分額が減るため適用される税率も低いものになります。

④ 税制改正の動向

　以前は相続人に対する相続開始前3年以内の贈与は相続税の計算に含めて再計算することになっていました（3年以内贈与の持ち戻し）が、税制改正によりこの持ち戻しの期間が原則7年となりました（Q32参照）。早い時期から贈与を開始する・贈与する相手を相続人以外の者にするなど、対策も変えていく必要があります。

　相続税や贈与税の規定だけでなく、数年経てば財産や家族の状況も変わります。一度対策を考えた後も時々見直しをしていきましょう。

　相続税を減らすことは重要なことですが、節税のための対策が相続人の間に波風を立てるようではいけません。偏った贈与や内緒の養子縁組は不公平感や不信感を抱かせることがあります。ご留意ください。

（廣瀬　理佐）

5　借入によるアパート建築は有効か

Q　アパートを建築する相続対策をしてきました。ほぼ全額が借入です。今後もこうした対策は有効なのでしょうか。

....

A　時代は変わりました。今後はアパート建築を事業として見ていく必要があります。

解説

アパート建築による相続対策は、確かに一定の効果があります。まず土地については、借地権割合6割、借家権割合3割の場合、貸家建付地として18％の評価減を受けることができます（財産評価基本通達26）。

貸家建付地評価減割合

	借家権割合30％
借地権割合50％	15％
借地権割合60％	18％
借地権割合70％	21％
借地権割合80％	24％

一方建物については、建物の固定資産税評価額が建築資金の40％〜60％（建築内容によります）と低いうえに、これに借家権割合30％が控除されるため、少なくとも建築資金の58％近い評価減（建築費の42％評価）を得ることができます。この建物の評価減は、建築資金を自己資金によっても借入金によってもどちらでも同様の効果を得ることができますが、借入金で建築することが多いです^(注)。

(注)　上記の対策を行うことで多額の評価上のマイナスを作り出し、他の相続財産額の多くを打ち消すことで相続税の回避をすることについて、税務調査で問題視され、その申告が税務署に否認され、納税者がこの処分を不服として最高裁まで争ったものの、その主張が認められ

ず敗訴した事例があります（令和4年4月19日最高裁判決・Q67参照）。今後の対策の実行においては、慎重な検討が必要です。

　ただ、アパート建築による相続税節税効果は付随的なものと考え、事業収支がきちんと組めることを大前提とすべきです。

　アパート建築で土地の評価は下がるものの、処分価値も同様に下がるため、有効活用する土地は当分処分できないということをきちんと見極めたうえで実行する必要があります。

　つまり、遊休地におけるアパート建築の良否は、一律に判断できるものではなく、事業計画や全体の資産構成を基に判断すべきことであるといえます。

（青木　喬）

6　土地活用4手法の比較

Q　都心にある広大な自宅敷地の活用を検討しています。一般的にどのような手法がありますか。また、それぞれの手法の特徴を教えてください。

A　住宅地であれば、①賃貸マンション建設、②等価交換マンション建設、③定期借地権を同族法人に設定、④都心部の不動産への買換え、の4手法が一般的には考えられます。

解説

① 賃貸マンション建設

　土地所有者である個人が、借入金をもって個人の名義で賃貸マンションを建設します。典型的な有効活用の形態です。この場合のメリットは、建物と土地について相続税節税効果を得ることができることです。デメリットとしては、多額の借入金を負うことになりますので、その負担感と返済リスクが発生します。

② 等価交換マンション建設

　デベロッパーに土地を譲渡し、それに見合った区分所有マンションを取得します。立体買換えとも呼ばれる手法です。租税特別措置法37条の5により、土地所有者は所得税について100％課税の繰延べをすることが可能です。この対策の最大のメリットは上記①賃貸マンション建設と異なり、借入金が発生しないということです。借金が嫌いな方に適しています。

　評価減による相続税節税効果も上記①ほど大きくはありませんが、それなりの節税効果を得ることができます。部屋を1戸ずつ売却できるので、換金性は確保されます。デメリットとしては、土地所有権は他の区分所有者との共有状態になりますので、将来的に取り壊し、新

たな建物を建てることが自分の意思だけではできなくなります。更に等価交換事業は床面積の還元率で不透明なところがあり、しっかりしたデベロッパーを選定することが重要になります。

③　同族法人が賃貸マンションを建設

　同族法人が定期借地人として、賃貸マンションを建設します。建物名義が同族法人になるということです。一般的に相続税の節税効果は上記①および②より減少しますが、同族法人から役員報酬をとることにより、所得を分散させることができます。

④　都心部の不動産への買換え

　地積が大きいものの建ぺい率・容積率の低い地域に所在する土地は、相続税評価額に比べ収益性が低い傾向にあります。このような土地の収益性を向上させるため、売却のうえ建ぺい率・容積率の高い都心の不動産に買換えるという手法があります。

　また、この手法の実行により土地の1㎡当たりの単価が大きくなることから、相続税の軽減対策においても、貸付事業用宅地にかかる小規模宅地等の特例の軽減効果が大きくなるというメリットがあります。

（青木　喬）

★

7 貸宅地の評価と整理

Q よく、貸宅地は不利な財産であり、整理したほうがよいと聞きますが、どうして不利なのでしょうか。またどんな解決方法がありますか。

A 貸宅地の最大の問題点は、収益価値と換金価値の低さにあります。しかしながら、すべての貸宅地を一律不利な財産と決めつけることはできません。状況と個別要因に応じて、解決方法を検討する必要があります。

解説

一般的に貸宅地は次の特性から不利な財産といわれています。

① 地代が低い。

② 貸宅地単独での買い手は借地権者と底地買取り業者のみ。底地買取り業者の買取り価格は更地価格の10%〜15%と安い。

③ 時価と比べて相続税評価額が高い。

もちろんこうした見方は、一般論としては間違っていません。特に収益価値の低さは異論のないところでしょう。しかしながら、換金価値については、状況と個別要因によっては一概に低いと決めつけることはできません。

貸宅地の時価は、状況によって大きく異なります。例えば、借地人から底地の売却の依頼を受けた場合、通常の相続税評価額より高く売却することができます。同様に借地人から借地権の購入依頼を受けた場合、通常の借地権相当額より大幅に安く購入することができます。これらはすべて交渉事なので、言い出したほうが不利な条件を飲まざるを得ません。このため底地所有者が、借地人に買ってくれませんかと申し出た場合は決して高くは売れません。経験上、相続税評価額前後といったところでしょうか。借地権者が買ってくれず、やむを得ず

底地買取り業者に売却したらどうでしょうか。おそらく相続税評価額の4分の1から3分の1程度でしょう。つまり、状況に応じて貸宅地の時価は、まったく変わってくるということです。

　こうした状況以外にも、貸宅地の個別要因も大きく影響します。貸宅地は、一般的には面積が小さいほど処分しやすくなります。借地人も例えば2,000万円〜3,000万円であれば比較的買いやすいわけです。また地域性から、その地域の所得水準が高いかどうかという問題もあります。

　つまり、貸宅地の処分価値は、その借地人に左右されるということです。同じ場所にあっても、借地人しだいで、その貸宅地の価値は変わってきます。これは貸宅地特有の問題です。

　ですから、まず所有する貸宅地の価値を十分に認識する必要があります。貸宅地の換金価値は一律低いということはできませんが、借地人に負うところが大きいので、戦略を立てて、チャンスを逃すことなく、貸宅地を整理する必要があります。

　なお、貸宅地・借地権の整理については、一般的に次の7手法があるといわれています。

① 　借地権者が貸宅地を購入する

② 　地主が借地権を購入する

③ 　地主と借地権者が一緒に売却する

④ 　借地権者が借地権を単独で売却する

⑤ 　地主が貸宅地を単独で売却する（底地物納を含みます）

⑥ 　貸宅地と借地権を交換する

⑦ 　地主と借地権者がデベロッパーと交換する

（青木　喬）

第2章

土地評価・相続税の
小規模宅地等の特例の
ポイント

8 「地積規模の大きな宅地」の評価

Q 　相続財産である土地が、「地積規模の大きな宅地」に該当する場合の相続税法上の評価方法について教えてください。

・・・

A 　相続、遺贈または贈与により取得した宅地のうち地積が一定規模以上等のもの（「地積規模の大きな宅地」）については、相続税または贈与税の計算上、その地積規模に応じ、宅地の形状に基づき奥行価格補正率などで補正計算をした価額に一定の減価率（規模格差補正率）を掛けて評価されます。

解説

① 路線価地域に所在する「地積規模の大きな宅地」の評価

⑴　「地積規模の大きな宅地」の意義

「地積規模の大きな宅地」とは、三大都市圏[注]においては500㎡以上の地積の宅地、それ以外の地域においては1,000㎡以上の地積の宅地をいいます。

　ただし、次の⑵の①～③までのいずれかに該当する宅地を除きます。

（注）「三大都市圏」とは、次の地域をいいます。

イ　首都圏整備法第2条第3項に規定する既成市街地または同条第4項に規定する近郊整備地帯

ロ　近畿圏整備法第2条第3項に規定する既成都市区域または同条第4項に規定する近郊整備区域

ハ　中部圏開発整備法第2条第3項に規定する都市整備区域

⑵　「地積規模の大きな宅地」から除外される宅地

　後述⑶の「地積規模の大きな宅地」の評価は、戸建住宅用地として分割分譲する場合に生じる減価を反映させるものであることから、原則として宅地開発ができない下記①の宅地や、住宅の建築ができない

②の宅地およびマンションの敷地として利用されることが標準的な③の宅地については、「地積規模の大きな宅地」には該当しません。

① 　市街化調整区域（都市計画法の規定に基づき宅地分譲に係る開発行為を行うことができる区域を除く。）に所在する宅地

② 　都市計画法に規定する工業専用地域に所在する宅地

③ 　建築基準法第52条第1項に規定する容積率（いわゆる「指定容積率」）が、10分の40（東京23区においては10分の30）以上の地域に所在する宅地

⑶ 　「地積規模の大きな宅地」の評価の考え方

「地積規模の大きな宅地」の評価では、新たに「規模格差補正率」を設け、「地積規模の大きな宅地」を戸建住宅用地として分割分譲する場合に発生する減価のうち、主に地積に基づく①戸建住宅用地としての分割分譲に伴う道路負担等による潰れ地の負担による減価、②戸建住宅用地としての分割分譲に伴う工事・整備費用等の負担による減価、③開発分譲業者の事業収益・事業リスク等の負担による減価を反映することとされました。

なお、「地積規模の大きな宅地」を戸建住宅用地として分割分譲する場合に発生する減価のうち、主に地積に基づくもの以外の土地の形状、道路との位置関係等に基づく個別的要因に係る補正については、別途、奥行価格補正率、不整形地補正率等を適用することが可能です。

⑷ 　評価方法

相続税または贈与税の計算上、「地積規模の大きな宅地」で、財産評価基本通達において普通商業・併用住宅地区及び普通住宅地区として定められた地域に所在するものの価額は、正面路線価を基に宅地の形状に基づき奥行価格補正率等で補正計算をした価額に、その宅地の地積の規模に応じ、⑸の算式により求めた規模格差補正率を掛けて計

算されます。

⑸　規模格差補正率の計算方法

（算式）

$$\text{規模格差補正率} = \left\{ \frac{A \times B + C}{\text{地積規模の大きな宅地の地積（A）}} \right\} \times 0.8$$

　上の算式中の「B」および「C」とは、「地積規模の大きな宅地」が所在する地域に応じ、それぞれ次の図表のとおりです。

〈図表〉

①　三大都市圏に所在する宅地

地　区		普通商業・併用住宅地区、普通住宅地区	
記　号		B	C
地積	500㎡以上　1,000㎡未満	0.95	25
	1,000㎡以上　3,000㎡未満	0.90	75
	3,000㎡以上　5,000㎡未満	0.85	225
	5,000㎡以上	0.80	475

②　三大都市圏以外の地域に所在する宅地

地　区		普通商業・併用住宅地区、普通住宅地区	
記　号		B	C
地積	1,000㎡以上　3,000㎡未満	0.90	100
	3,000㎡以上　5,000㎡未満	0.85	250
	5,000㎡以上	0.80	500

（注）上記算式にて計算した規模格差補正率は、小数点以下第2位未満を切り捨てます。

（規模格差補正率の計算例）

> 三大都市圏に所在する地積1,500㎡の宅地の場合
>
> $$規模格差補正率 \ = \left\{ \frac{1,500㎡ \times 0.90 + 75}{1,500㎡} \right\} \times \ 0.8 \ = 0.76$$

(6) 普通商業・併用住宅地区及び普通住宅地区以外の地区に所在する宅地の適用外

　財産評価基本通達上の普通商業・併用住宅地区及び普通住宅地区以外の地区に所在する「地積規模の大きな宅地」については、一般的に戸建住宅用地として分割分譲されることが想定されないため「地積規模の大きな宅地」の評価の対象外となります。

② **倍率地域に所在する「地積規模の大きな宅地」の評価**

　倍率地域に所在する「地積規模の大きな宅地」については、次のうちいずれか低い方の価額により評価します。

(1) 倍率方式により評価した価額

(2) その宅地が標準的な間口距離および奥行距離を有する宅地であるとした場合の1㎡当たりの価額（評価対象となる宅地の固定資産税評価に係る近傍標準宅地の1㎡当たりの価額）を路線価とし、かつ、その宅地が普通住宅地区に所在するものとして「地積規模の大きな宅地」の評価に準じて計算した価額

（工藤　晴子）

9　貸家と敷地を所有する親が子に貸家を贈与し、敷地を使用貸借で貸付け後に死亡した場合の敷地の相続税評価

Q　父が所有する賃貸アパート（土地・建物）について、長男が建物のみ贈与を受けました。土地は無償で借りる使用貸借です。父の相続時に、引き続き貸家建付地として評価されるためにはどうすればよいでしょうか。

A　贈与前に父が賃貸借契約をした賃借人について贈与後も変更が無い場合には、引き続き貸家建付地として評価をすることができます。

解説

①　貸家建付地の相続税法上の評価

　土地付き建物の所有者が建物を他に貸付けている場合、その建物の敷地を「貸家建付地」といいます。貸家の借家人には建物敷地の利用権があり、所有者もその敷地の処分や利用が制限されます。よって貸家建付地を相続により取得した場合は、相続税の計算上、土地所有者の自己使用地（自用地）としての評価額から借家人の有する敷地利用権相当額（＝自用地評価額×借地権割合×借家権割合×賃貸割合）を控除して評価をします（財産評価基本通達26）。

②　使用貸借により土地を貸していた個人に相続が発生した場合のその土地の相続税法上の評価の原則

　使用貸借に係る土地を相続により取得した場合、その土地に係る相続税法上の評価額は、自用地としての価額となります（使用貸借通達3）。

　建物の所有を目的として使用貸借により土地を借受けた場合の借主の使用権は、借地借家法が適用されず、借主には賃貸借による賃借権

などの借地権とは違い、強い法的保護がなく、貸主は、その求めにより、いつでも無償で土地の返還を受けられます。よって、使用貸借に係る土地の使用権の経済的価値は極めて低いと考えられ、その相続税評価額はゼロとされます。つまり、使用貸借に係る土地の貸主側のその土地の相続税法上の評価は、【自用地の価額－使用貸借の使用権の価額（=0）】により、自用地としての評価となります。

③　貸家とその敷地を所有する親が子に貸家を贈与し、その敷地を使用貸借により貸し付け後に親が死亡した場合の敷地の相続税評価

(1)　原則的な考え方

貸家とその貸家の敷地を所有する親が、貸家のみを子に贈与し、その敷地を子に使用貸借により貸付けている場合、贈与後のその貸家敷地の相続税法上の評価の原則的な考え方は、前述②と同様に、自用地評価となります。自用地として評価する理由につき、使用貸借通達3の取扱いを解説した「令和6年版相続税法基本通達逐条解説」（以下「逐条解説」）878頁では次のように述べています。「…すなわち、一般に、使用貸借により借り受けた土地の上に建物が建築され、その建物が賃貸借により貸し付けられている場合における、その建物賃借人の敷地利用権は、建物所有者（土地使用借権者）の敷地利用権から独立したものではなく、建物所有者の敷地利用権に従属し、その範囲内において行使されるにすぎないものと解されている。したがって、土地の使用借権者である建物所有者の敷地利用権の価額をゼロとして取り扱うこととした以上、その建物賃借人の有する敷地利用権についてもゼロとして取り扱うことは当然であり、また、その土地自体の価額も自用であるとした場合の価額によるべきと考えられるからである。」

⑵　貸家に係る賃貸借契約が贈与前に既に締結されており、贈与後から敷地の相続による取得の時までその契約が継続している場合の貸家の敷地の評価

　表題の場合、その貸家の敷地の相続税法上の評価は、次の理由により貸家建付地としての評価とされます（参考：「逐条解説」878頁〜879頁）。

　貸家の贈与前は、貸家の所有者である親がその敷地の所有者でもあり、貸家の所有者である親と貸家の借家人との間で締結された賃貸借契約に基づき、貸家の借家人は貸家を通じてその敷地利用権を有しています。この貸家の借家人の有する敷地利用権は、判例（最判昭和38年2月21日民集17巻1号219頁、最判昭和41年5月19日民集20巻・989頁参照）において、貸家が第三者に譲渡された場合でも侵害されないとしています。つまり、借家人の権利の保護の観点から、その貸家の譲渡（贈与や相続による所有権の移転も含むと解されます）により、貸家自体の土地に対する利用権が使用貸借となっても、借家人の従前の敷地利用権には変動がないということです。

　本問の場合、相続で新たにその貸家の敷地の所有者が変わっても、貸家の借家人が贈与の前に取得している貸家の敷地利用権を侵害することはなく、引き続きその処分や利用が、その利用権により制限されるため、表題の場合の貸家敷地の評価額は、自用地としての評価額から貸家建付地と同等の減額を行うのが当然といえます。以上により、表題の場合の貸家の敷地の相続税法上の評価は、上記⑴にかかわらず、貸家建付地としての評価とされます。

（宮田　卓）

★★

10　マンションの相続税評価の概要

Q　令和6年1月1日から変わったマンションの相続税評価の概要を教えてください。

．．．

A　令和6年1月1日以後の相続、遺贈または贈与により取得したマンションについては、新しい評価方法が適用されることになります。マンションの新たな評価方法は、従来の評価額に対し、築年数、総階数、所在階数、敷地持分狭小度の4つの指数を基に計算した区分所有補正率を乗じて計算します。

解説

1　対象となるマンションの範囲

　マンションの新しい評価方法は、令和6年1月1日以後に相続、遺贈または贈与により取得した居住用の区分所有財産に適用されます。居住用の区分所有財産とは、区分所有される建物で居住の用に供する専有部分一室に係る建物の区分所有権、土地の敷地利用権をいい、たな卸商品等に該当するものは除かれます。居住の用に供する専有部分とは、構造上居住の用途に供することができるものをいい、原則として、登記簿上の種類に「居宅」を含むものが該当するため、実際の用途に関わらず、登記簿を確認して判断する必要があります。

　なお、一棟の区分所有建物であっても地階を除く総階数が2以下の低層の集合住宅、居住の用に供する専有部分一室の数が3以下でその全てを区分所有者またはその親族の居住の用に供する二世帯住宅などは新評価の適用対象から除かれます。

　また、対象となるのは居住用の区分所有財産に限定されるため、事業用のテナント物件、区分所有の登記がされていない一棟所有の賃貸マンションなどは対象外となります。

② マンションの新しい評価方法

　マンションの新しい相続税評価額は、家屋（区分所有権）、敷地（敷地利用権）のどちらも従来の相続税評価額に次の区分に応じた区分所有補正率を乗じて評価します。マンションを賃貸している場合の貸家、貸家建付地の評価および小規模宅地等の特例の適用については、区分所有補正率を乗じた後の価額を基に行います。

評価水準	区分所有補正率
0.6未満	評価乖離率×0.6
0.6以上1以下	補正なし（従来の評価額で評価）
1超	評価乖離率

（注）評価水準は評価乖離率の逆数（1÷評価乖離率）

　なお、区分所有者が一棟の区分所有建物の全ての専有部分および敷地のいずれも単独で所有している場合には、敷地利用権に係る区分所有補正率は1を下限とします。

③ 評価乖離率

　評価乖離率は時価との乖離状況を数値化したもので、以下の算式により計算します。なお、評価乖離率が0または負数の場合には、区分所有権及び敷地利用権の価額は評価しないこととなるため、評価額は0となります。

（算式）

評価乖離率 ＝ A ＋ B ＋ C ＋ D ＋ 3.220

A	一棟の区分所有建物の築年数 × △0.033	※建築の時から課税時期までの期間（1年未満の端数は1年）
B	一棟の区分所有建物の総階数指数 × 0.239（小数点以下第4位切捨て）	※総階数（地階を含みません。）を33で除した値（小数点以下第4位切捨て、1を超える場合は1）
C	一室の区分所有権等に係る専有部分の所在階 × 0.018	専有部分がその一棟の区分所有建物の複数階にまたがる場合（いわゆるメゾネットタイプの場合）には、階数が低い方の階 なお、専有部分の所在階が地階である場合には、零階とし、Cの値は零
D	一室の区分所有権等に係る敷地持分狭小度 × △1.195（小数点以下第4位切上げ） 敷地持分狭小度（小数点以下第4位切上げ）＝敷地利用権の面積÷専有部分の面積（床面積）	※敷地利用権の面積は、次の区分に応じた面積（小数点以下第3位切上げ）①一棟の区分所有建物に係る敷地利用権が敷地権である場合 一棟の区分所有建物の敷地の面積 × 敷地権の割合 ②上記①以外の場合 一棟の区分所有建物の敷地の面積 × 敷地の共有持分の割合

（出典：国税庁「タックスアンサー No.4667 居住用の区分所有財産の評価」中の「区分所有補正率」の記述を基に作成）

●居住用の区分所有財産の評価方法のフローチャート（概要）

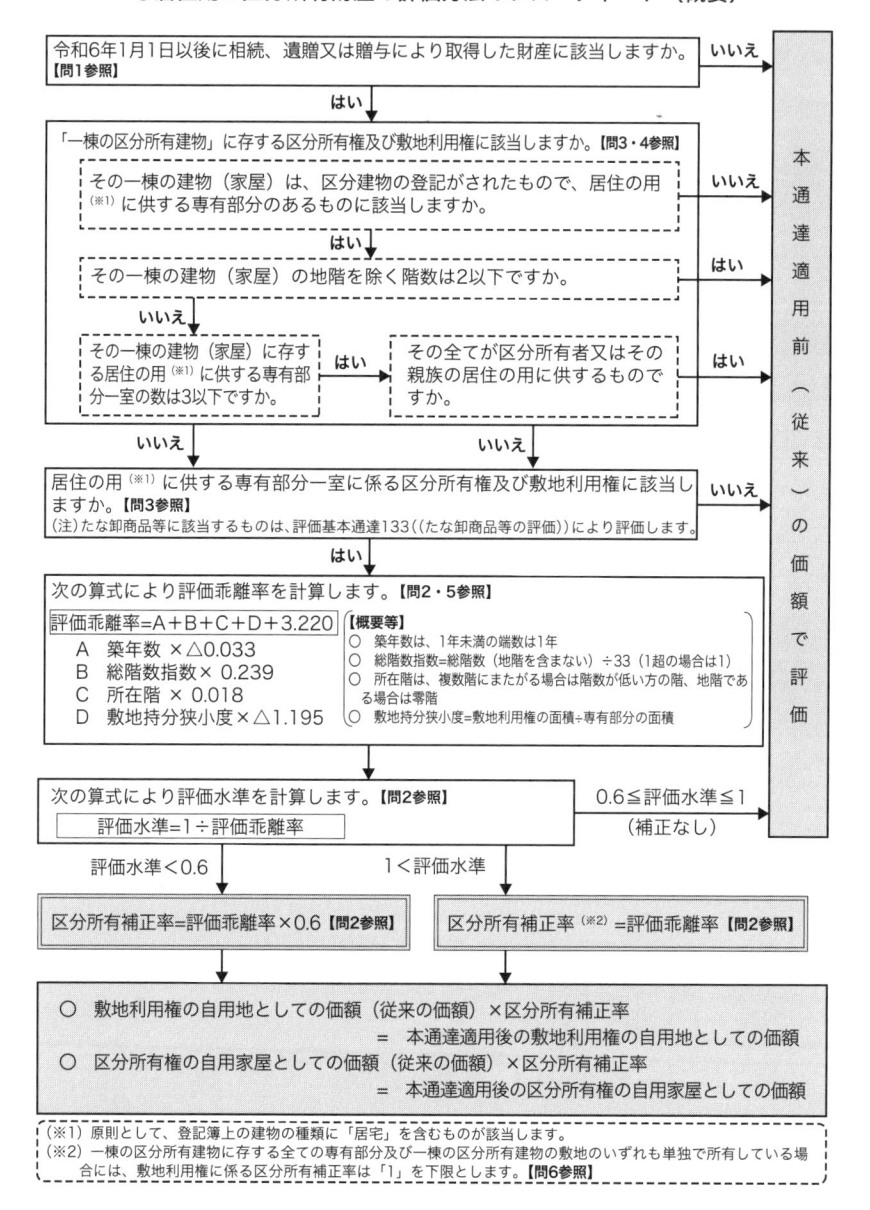

（※1）原則として、登記簿上の建物の種類に「居宅」を含むものが該当します。
（※2）一棟の区分所有建物に存する全ての専有部分及び一棟の区分所有建物の敷地のいずれも単独で所有している場合には、敷地利用権に係る区分所有補正率は「1」を下限とします。【問6参照】

（出典：「居住用の区分所有財産の評価に関するQ&A」（令和6年5月国税庁資産評価企画官）を基に作成）

（宮田　卓）

11　マンションの相続税評価の計算例・改正の影響を受けない物件とは

Q マンションの評価方法の改正による影響を教えてください。

. . . .

A マンションの評価方法の改正により、相続税評価額が時価の6割に達しないマンションについては、時価の6割になるように評価額が補正されます。時価と相続税評価額が乖離しているマンションであっても、築年数が古いマンション等については評価額を補正しないケースがあります。

解説

□1 改正の影響

マンションの評価方法の改正により評価額が引き上げられるのは、評価水準（時価と相続税評価額の乖離率）が0.6未満の場合です。評価水準が0.6から1までは、現行の評価額のままで、評価水準が1を超える場合には、現行の評価額から引き下げられます。

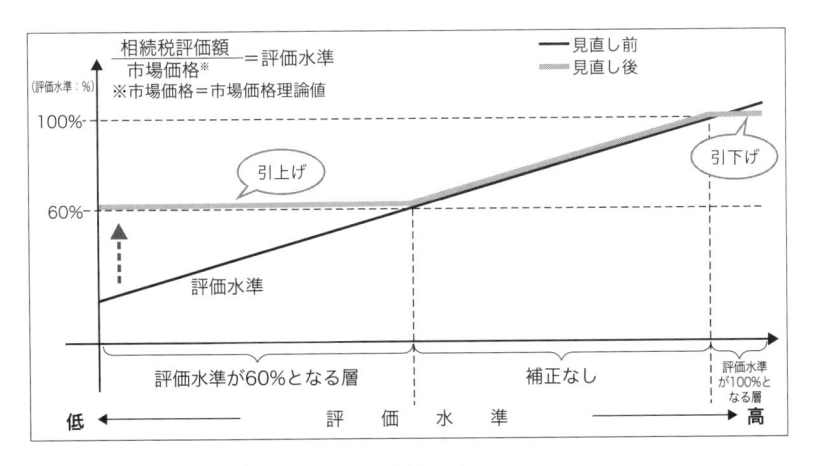

（出典：令和5年6月30日国税庁報道発表の資料より）

② マンションの新しい評価方法の計算例

(1)	(2)
評価対象マンション 築年数 ：27年 所在階 ：10階（総階数12階） 敷地面積 ：3,100㎡ 区分所有権 ：7,700/820,000 専有部分面積：75㎡	(1)のマンションの自用地・自用地家屋の評価額 （財産評価基本通達の評価額） 敷地利用権 ：28,000千円 専有部分（家屋）：7,500千円 合計 35,500千円

記号	内容		計算
A	築年数 × △0.033	△0.891	27年 × △0.033 = △0.891
B	総階数指数×0.239	0.086	12階÷33 = 0.363 総階数指数0.363 × 0.239 = 0.086
C	その専有部分の所在階 × 0.018	0.180	所在階数10階 × 0.018 = 0.180
D	敷地持分狭小度 × △1.195	△0.465	3,100㎡ × 7,700/820,000= 敷地面積29.11㎡ 敷地の面積29.11㎡ ÷ 専有部分の面積75㎡ = 0.389 0.389 × △1.195 = 0.465
	定　数	3.220	
	①評価乖離率 （A＋B＋C＋D＋定数）	2.130	
	②評価水準（1 ÷ ①）	0.469	
	③区分所有補正率	1.278	② ＜0.6 のため、① × 0.6 = 1.278

改正後のマンション評価額

①　土地：28,000千円 × 1.278=35,784千円

②　家屋：7,500千円 × 1.278=9,585千円

③　①＋② = 45,369千円

③ 改正の影響を受けない物件

　改正後のマンションの評価方法は、築年数が浅い、総階数が多い、所在階が高い、敷地持分相当の面積が狭小な物件ほど評価額が高くなります。各要素の中では特に築年数の影響が大きく、評価方法の改正により評価額が引き上げられた物件でも築年数が古くなると評価水準

が0.6を超え、補正を要しないケースが出てきます。2の計算例を基に、仮に築年数を1年から9年ごとに54年まで試算すると以下の表の通りとなり、築年数が45年、54年のケースでは補正なしとなります。

築年数	1	9	18	27	36	45	54
経年減点補正率	0.8	0.6474	0.5684	0.4895	0.4105	0.3316	0.2526
建物固定資産税評価額（万円）①	1225.1	991.9	870.8	750	628.9	508	387
敷地権評価額（変動なし）（万円）②	2800	2800	2800	2800	2800	2800	2800
評価乖離率③	2.988	2.724	2.427	2.13	1.833	1.536	1.239
評価水準（1÷③）	0.3346	0.367	0.412	0.4694	0.5455	0.6509	0.807
区分所有補正率④	1.7928	1.6344	1.4562	1.278	1.0998	補正なし	補正なし
マンション評価額（万円）（①+②）×④	7216.4	6197.32	5345.36	4536.9	3771.1	3308	3187

＊建物評価額＝固定資産税評価額×1.0≒基準年度の前年度の再建築費評点数×再建築費評点補正率×経年減点補正率×課税床面積

　そのため、築年数が古くても市場価格が高いヴィンテージマンションについては、時価と相続税評価額が乖離していたとしても改正の影響を受けない物件といえます。なお、ヴィンテージマンションのように相続税評価額と時価が乖離しているケースで、納税者が過度な節税策を講じるなど財産評価基本通達で定められた評価方法による画一的な評価を行うことが実質的な租税負担の公平に反するというべき事情があると国税当局が認めた場合には、財産評価基本通達6項の適用により、鑑定評価等の価額に補正される可能性があります。

（宮田　卓）

12 小規模宅地等の特例を利用する時のポイント

Q 小規模宅地等の特例を利用するときのポイントについて教えてください。

. . . .

A 小規模宅地等の特例を節税面で効果的に利用するためのポイントは3つあります。

① 単位面積当たりの評価額の高い土地を選択すること

② 減額対象面積が大きくとれる土地を選択すること

③ 減額割合の大きな用途の土地を選択すること

解説

1 小規模宅地等の特例の概要

小規模宅地等の特例とは、個人が相続等により取得した宅地（土地または土地の上に存する権利をいう。以下「宅地等」。）のうち被相続人または被相続人と生計を一にしていた被相続人の親族（被相続人等）の事業の用または居住の用に供されていた一定の宅地等（下表の4区分）について、相続税の申告期限までその宅地等を保有し、事業や居住の用に供するなど一定の要件を満たす場合は、被相続人等にかかる相続税の計算上、一定の面積（限度面積）までの部分について、その相続税の課税価格を次のとおり減額する特例をいいます（租税特別措置法69条の4）。

相続開始直前における宅地等の用途	小規模宅地等の区分	限度面積	減額割合
① ②および③以外の被相続人等の事業用の宅地等	特定事業用宅地等	400㎡	80%
② 一定の法人に貸付けられ、その法人の事業（貸付事業を除く）用の宅地等	特定同族会社事業用宅地等	400㎡	80%
③ 被相続人等の貸付事業用の宅地等	貸付事業用宅地等	200㎡	50%
④ 被相続人等の居住用の宅地等	特定居住用宅地等	330㎡	80%

② 特例を利用するときのポイント

　小規模宅地等の特例を利用するに当たって特に注意したいのは、小規模宅地等の特例を適用していったん申告をすると、法令通りに適用されていなかったり、計算が誤っていたりしない限り、後から適用対象不動産を変更するというような訂正はできないということです。

　このため最初の申告で法令通りに小規模宅地等の特例の対象宅地を選択し、正しく計算した場合は、後でほかの宅地を選んだ方が節税できたとわかって税務署に更正の請求をしても、認めてもらえません。複数の特例適用候補の宅地がある場合には、適用に当たり慎重に宅地を選択する必要があります。

　また、事業用宅地で小規模宅地等の特例を受ける場合には、相続人が事業を継承しなくてはなりませんが、相続人にそうした人材がいない場合には、最初から事業用宅地で小規模宅地等の特例を受けることができないということになります。

　そうすると、事業を継ぐのか、居住用宅地を継いで生活を守るのかといった、相続後の相続人の生活スタイルの組み立て方によっても、小規模宅地等の特例の適用をする宅地の選択を考えていく必要があります。

　このように、節税面だけでなく様々な角度から小規模宅地等の特例を適用する土地を選定する必要があります。

（小関　祐子）

13 特定居住用宅地等にかかる小規模宅地等の特例が適用できる場合

 Q 　特定居住用宅地等にかかる小規模宅地等の特例が適用できる要件を教えてください。

A 　相続開始の直前において被相続人が所有していた宅地等のうち、⑴被相続人および⑵被相続人と生計を一にしていた親族の居住の用に供されていた宅地等については、その宅地等の取得者ごとに①居住継続要件^{（※1）}、②保有要件^{（※2）}、③その他の適用要件が定められています（租税特別措置法69条の4第3項第2号）。

※1　居住継続要件とは、相続開始の時から相続税の申告期限まで、引き続きその家屋に居住していることをいいます。

※2　保有要件とは、その宅地等を相続税の申告期限まで所有していることをいいます。

解説

1 被相続人の居住の用に供されていた宅地等

1. 取得者が被相続人の配偶者である場合

配偶者が取得した場合には、居住継続要件や保有要件等といった適用要件はなく、配偶者が取得したという事実のみで小規模宅地等の特例が適用できます。

2. 取得者が被相続人と同居していた親族である場合

被相続人と同居していた親族が取得した場合には、居住継続要件と保有要件を満たした場合のみ小規模宅地等の特例が適用できます。

3. 取得者が被相続人と同居していない親族である場合

次の⑴および⑵に該当する場合で⑶から⑹までのすべての要件を満

たした場合のみ小規模宅地等の特例が適用できます。

(1)　被相続人に配偶者がいないこと。

(2)　相続開始の直前において同居していた一定の親族がいないこと。

(3)　保有要件を満たしていること。

(4)　相続開始の時に、【①国外に住所を有する者等かつ②日本国籍を有しない者】ではないこと（つまり、日本国籍を有する者であれば、その居住地に関わらず要件を満たします）。

(5)　相続開始前3年以内に日本国内にある取得者、取得者の配偶者、取得者の三親等以内の親族または取得者と特別の関係にある一定の法人の所有する家屋（相続開始の直前において被相続人の居住の用に供されていた家屋を除きます。）に居住したことがないこと。

(6)　相続開始の時に取得者が居住中の家屋を、相続開始前のいずれの時においても取得者が所有したことがないこと。

② 被相続人と生計を一にしていた親族の居住の用に供されていた宅地等

1. 取得者が被相続人の配偶者である場合

上記①1.と同じ

2. 取得者が被相続人と生計を一にしていた親族である場合

被相続人と生計を一にしていた親族が取得した場合には、居住継続要件と保有要件を満たした場合のみ小規模宅地等の特例が適用できます。

（小関　祐子）

14　二世帯住宅の敷地を継ぐ場合の小規模宅地等の特例の注意点

　二世帯住宅の敷地を継ぐ場合、小規模宅地等の特例を受けるために気を付けなければならない点はありますか。

....

A　二世帯住宅の敷地に小規模宅地等の特例を適用しようとする場合は取得者ごとに要件が異なり、かつ、その二世帯住宅が区分所有登記されているかどうかにより適用できる土地の範囲および適用できる者が異なります。

解説

1　事例による検討

　国税庁の平成26年1月15日付資産課税課情報第1号『「租税特別措置法（相続税法の特例関係）の取扱いについて」の一部改正について（法令解釈通達）のあらまし（情報）』で示された以下の3つの事例から、二世帯住宅の取得者別および区分所有登記の有無による小規模宅地等の特例の適用範囲の違い等を比較してみます。

1．区分所有登記がされていない被相続人甲単独所有となっている 1棟の建物の敷地の場合（事例Ⅰ）

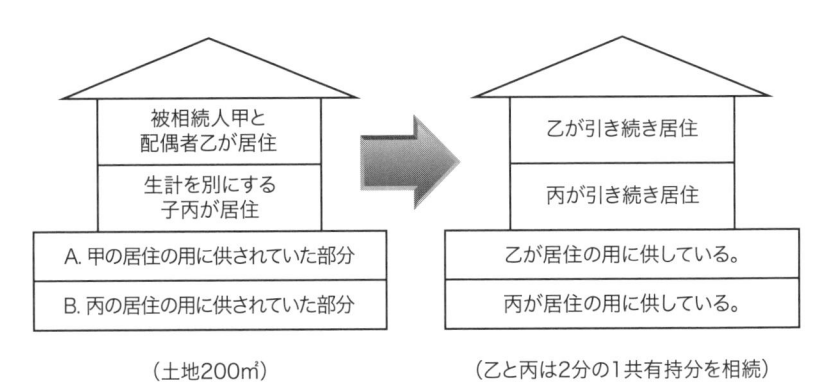

(1)　被相続人等の居住の用に供されていた宅地等の判定

　被相続人甲の居住の用に供されていた1棟の建物の敷地には、被相続人甲の居住の用に供されていた部分（以下「A部分」という。）と、生計を別にする子丙の居住の用に供されていた部分（以下「B部分」という。）があります。

　上記1棟の建物は、区分所有建物である旨の登記がされていないことから、生計を別にしていた子丙の居住の用に供されていた部分についても、被相続人等の居住の用に供されていた宅地等の部分に含まれることとなります（租税特別措置法施行令40条の2第4項）。

　したがって、敷地全体が被相続人等の居住の用に供されていた宅地等に該当することとなります。

(2)　特定居住用宅地等の判定

　上記(1)の通り、敷地全体が被相続人等の居住の用に供されていた宅地等に該当することから、配偶者である乙が取得した、A部分（100㎡）およびB部分（100㎡）の持分割合（2分の1）に応ずる部分（100㎡）は、特定居住用宅地等に該当します。

　子丙は被相続人甲の居住の用に供されていた1棟の建物（区分所有建物である旨の登記がされていない建物）のうち「被相続人の親族の居住の用に供されていた部分」に居住していたものであって、相続開始から申告期限まで、被相続人等の居住の用に供されていた宅地等を有し、かつ、その建物に居住していることからQ13の解説①の2.の小規模宅地等の特例が適用できる親族に該当します。

　したがって、子丙が取得したA部分（100㎡）およびB部分（100㎡）の持分割合（2分の1）に応ずる部分（100㎡）は、特定居住用宅地等に該当します。

2. 区分所有登記がされている1棟の被相続人甲および別生計の子丙所有建物の敷地の場合（事例Ⅱ）

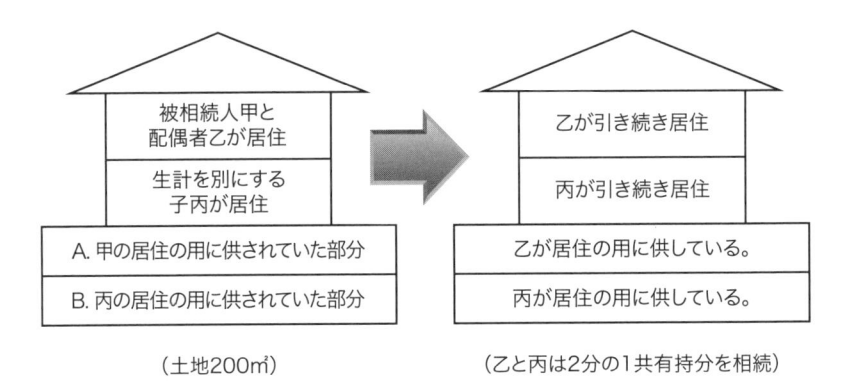

左図（土地200㎡）:
- 被相続人甲と配偶者乙が居住
- 生計を別にする子丙が居住
- A. 甲の居住の用に供されていた部分
- B. 丙の居住の用に供されていた部分

（土地200㎡）

右図:
- 乙が引き続き居住
- 丙が引き続き居住
- 乙が居住の用に供している。
- 丙が居住の用に供している。

（乙と丙は2分の1共有持分を相続）

(1) 被相続人等の居住の用に供されていた宅地等の判定

被相続人甲の居住の用に供されていた1棟の建物の敷地には、被相続人甲の居住の用に供されていた部分（以下「A部分」という。）と、生計を別にする子丙の居住の用に供されていた部分（以下「B部分」という。）があります。

上記1棟の建物は、区分所有建物である旨の登記がされていることから、生計を別にする子丙の居住の用に供されていた部分（B部分）は、被相続人等の居住の用に供されていた宅地等の部分に含まれないこととなります（租税特別措置法施行令40条の2第4項かっこ書）。

したがって、1棟の建物の敷地のうち、A部分だけが、被相続人等の居住の用に供されていた宅地等に該当することとなります。

(2) 特定居住用宅地等の判定

配偶者である乙は、A部分およびB部分の持分（2分の1）を相続により取得しているが、被相続人等の居住の用に供されていた部分は、A部分のみになります。したがって、配偶者である乙が取得したA部分（100㎡）の持分の割合（2分の1）に応ずる部分（50㎡）は、特

定居住用宅地等に該当することとなります。

なお、B部分（100㎡）の持分の割合（2分の1）に応ずる部分（50㎡）はB部分が被相続人等の居住の用に供されていた宅地等に該当しないことから、特定居住用宅地等に該当しないこととなります。

子丙は被相続人甲の居住の用に供されていた1棟の建物（区分所有建物である旨の登記がされている建物）のうち「被相続人の親族の居住の用に供されていた部分」に居住していた者には該当しないことから、Q13の解説①の2.の小規模宅地等の特例が適用できる親族に該当しません。また、子丙は、自らの所有する家屋に居住し、かつ、被相続人と生計を一にしていないことから、Q13の解説①の3.の小規模宅地等の特例が適用できる親族にも該当しません。

したがって、丙が取得したA部分（100㎡）およびB部分（100㎡）の持分割合（2分の1）に応ずる部分（100㎡）は、特定居住用宅地等に該当しません。

3. 区分所有登記がされていない被相続人甲単独所有となっている1棟の建物の敷地を前問13の解説①の3.に該当する子丁が取得した場合（事例Ⅲ）

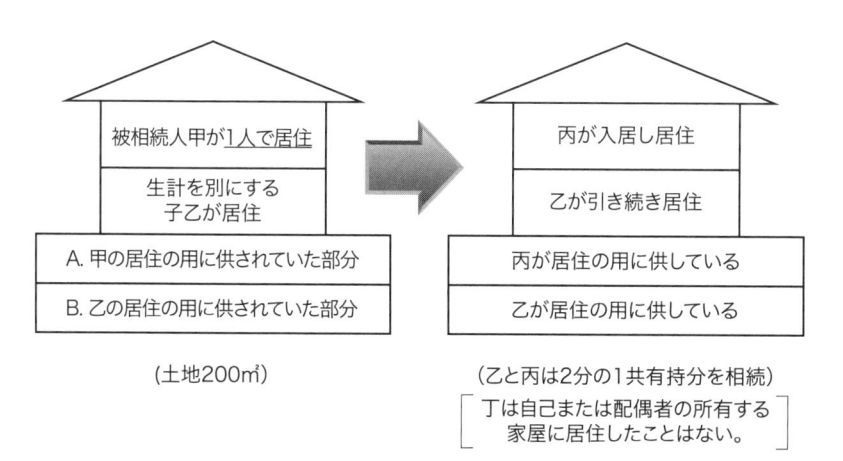

被相続人甲が1人で居住

生計を別にする
子乙が居住

A. 甲の居住の用に供されていた部分

B. 乙の居住の用に供されていた部分

（土地200㎡）

丙が入居し居住

乙が引き続き居住

丙が居住の用に供している

乙が居住の用に供している

（乙と丙は2分の1共有持分を相続）

丁は自己または配偶者の所有する
家屋に居住したことはない。

⑴　被相続人等の居住の用に供されていた宅地等の判定

　被相続人甲の居住の用に供されていた１棟の建物の敷地には、被相続人甲の居住の用に供されていた部分（以下「Ａ部分」という。）と、生計を別にする子丙の居住の用に供されていた部分（以下「Ｂ部分」という。）があります。

　上記１棟の建物は、区分所有建物である旨の登記がされていないことから、生計を別にしていた子丙の居住の用に供されていた部分についても、被相続人等の居住の用に供されていた宅地等の部分に含まれることとなります（租税特別措置法施行令40条の２第４項）。

　したがって、敷地全体が被相続人等の居住の用に供されていた宅地等に該当することとなります。

⑵　特定居住用宅地等の判定

　上記⑴の通り、敷地全体が被相続人甲の居住の用に供されていた宅地等に該当することから、子丙は被相続人甲の居住の用に供されていた１棟の建物（区分所有建物である旨の登記がされていない建物）のうち「被相続人の親族の居住の用に供されていた部分」に居住していたものであって、相続開始から申告期限まで、被相続人等の居住の用に供されていた宅地等を有し、かつ、その建物に居住していることからQ13の解説[1]の2.の自宅の小規模宅地等の特例が適用できる親族に該当します。

　したがって、丙が取得したＡ部分（100㎡）およびＢ部分（100㎡）の持分割合（２分の１）に応ずる部分（100㎡）は、特定居住用宅地等に該当します。

　子丁は子丙のように被相続人甲の居住の用に供されていた１棟の建物（区分所有建物である旨の登記がされていない建物）のうち「被相続人の親族の居住の用に供されていた部分」に居住していた親族に該当しませんが、被相続人甲の相続開始前３年以内に自己または配偶者

等の所有する家屋に居住したことがなく、また、被相続人甲の居住の用に供されていた1棟の建物のうち、甲の居住の用に供されていた部分に甲と共に起居していた親族がいないことから、Q13の解説[1]の3.の小規模宅地等の特例が適用できる親族に該当します。

　したがって、丙が取得したA部分（100㎡）およびB部分（100㎡）の持分割合（2分の1）に応ずる部分（100㎡）は、特定居住用宅地等に該当します。

[2]　まとめ

　上記[1]の事例別の小規模宅地等の特例の適用の可否をまとめると、下記のようになります。

	居住者	取得者	適用の可否	特例の対象地	適用地積
事例I	被相続人甲配偶者乙	乙	○	建物敷地全体（200㎡）	100㎡ 乙取得建物敷地部分100㎡×乙持分1/2 丙所有建物敷地部分100㎡×乙持分1/2
	生計別の子丙	丙	○		100㎡ 乙取得建物敷地部分100㎡×乙持分1/2 丙所有建物敷地部分100㎡×乙持分1/2
事例II	被相続人甲配偶者乙	乙	○	乙建物敷地部分のみ（100㎡）	50㎡ 乙取得建物敷地部分100㎡×乙持分1/2 丙所有建物敷地部分100㎡は対象外
	生計別の子丙	丙	×		0㎡
事例III	被相続人甲	丁	○	建物敷地全体（200㎡）	100㎡ 丁取得建物敷地部分100㎡×丁持分1/2 丙所有建物敷地部分100㎡×丁持分1/2
	生計別の子丙	丙	○		100㎡ 乙取得建物敷地部分100㎡×乙持分1/2 丙所有建物敷地部分100㎡×乙持分1/2

（小関　祐子）

15　老人ホームへの入所により空き家になった場合

Q 一人暮らしをしていた母が老人ホームに入所しました。将来、母の相続が起こった時、この空き家となった実家の土地は、相続税の小規模宅地等の特例の対象になりますか？

A 老人ホームへ入所したことにより被相続人の居住の用に供されなくなった家屋の敷地であっても、

① 被相続人に介護が必要なために入所したものであること

② 入所後にその家屋が貸付け等の用途に使用されていないこと

という一定の要件を満たすものであれば、「相続開始直前に被相続人の居住の用に供されていたもの」として認められ、小規模宅地等の特例の対象宅地等となります。

解説

① 老人ホームへ入所したことにより被相続人の居住の用に供されなくなった家屋の敷地と小規模宅地等の特例

老人ホームへ入所したことにより空き家になった自宅の敷地は、小規模宅地等の特例における特定居住用宅地等の要件の一つである「相続開始の直前において被相続人等の居住の用に供されていた宅地等」に該当しません。

ただし居住の用に供されなくなった事由が次の1.に該当し、かつその後の利用状況が2.である場合には、「相続開始の直前において被相続人等の居住の用に供されていた宅地等」に含まれます（租税特別措置法通達69の4−7）。

1. 居住の用に供されなくなった事由（租税特別措置法施行令40条の2第2項）

(1)　介護保険法に規定する要介護認定または要支援認定を受けてい

た被相続人等が、次の住居または施設（以下、本問において「施設等」といいます。）に入居または入所（以下、本問において「入所等」といいます。）していたこと。

① 老人福祉法に規定する認知症対応型老人共同生活援助事業が行われる住居、養護老人ホーム、特別養護老人ホーム、軽費老人ホーム、有料老人ホーム

② 介護保険法に規定する介護老人保健施設、介護医療院

③ 高齢者の居住の安定確保に関する法律に規定するサービス付き高齢者向け住宅

(2) 障害者の日常生活および社会生活を総合的に支援するための法律に規定する障害支援区分の認定を受けていた被相続人が、障害者支援施設（施設入所支援が行われるものに限る）または共同生活援助を行う住居に入所等していたこと。

2. 入所後の利用状況（租税特別措置法施行令第40条の2第3項）

空き家を新たに次の用途に供していないこと。

① 事業（貸付けを含み、事業主体は問わない）の用

② 被相続人または上記1.の入所等の直前において被相続人と生計を一にし、かつ、この建物に引き続き居住している被相続人の親族以外の者の居住の用

② 添付書類

老人ホーム等へ入所したことにより空き家となった自宅について小規模宅地等の特例の適用を受ける場合は、次の書類を相続税の申告書に添付して提出する必要があります（租税特別措置法施行規則23条の2第8項第3号）。

① 特定居住用宅地等に小規模宅地等の特例の適用を受ける場合に通常必要になる書類

② その相続開始の日以後作成された被相続人の戸籍の附票の写し

③ 介護保険の被保険者証の写しその他の書類で、その被相続人がその相続開始の直前において上記1.に記載している認定を受けていたことを明らかにするもの

④ その被相続人が相続開始の直前において入所等していた施設等の名称、所在地、および1.(1)のいずれの施設等に該当するかを明らかにする書類

（廣瀬　理佐）

★★

16　貸付事業用宅地等にかかる小規模宅地等の特例の対象外となる宅地

Q　貸付事業用宅地等にかかる小規模宅地等の特例について、適用対象外となる宅地について教えてください。

．．

A　貸付事業用宅地等のうち、相続開始前３年以内に新たに貸付事業の用に供された宅地については、小規模宅地等の特例の対象外とされます。ただし、相続開始の日まで３年を超えて事業的規模（後述の「準事業」以外）で貸付事業を行っている人が貸付事業の用に供している宅地は除かれます。

解説

①　貸付事業用宅地等にかかる小規模宅地等の特例の概要

(1)　貸付事業用宅地等にかかる小規模宅地等の特例の概要

個人が相続等により取得した宅地が、貸付事業用宅地等に該当し、かつ一定の要件を満たす場合には、被相続人にかかる相続税の課税価格の計算上、その宅地等の地積200㎡まで、その宅地等の評価額の50％相当額が相続税の課税価格から減額されます（租税特別措置法69条の4第1項）。

(2)　貸付事業用宅地等とは

「貸付事業用宅地等」とは、その宅地が被相続人の貸付事業の用に供されていた宅地である場合、次の要件をすべて満たすものをいいます。

①　相続等により取得した個人が、その宅地にかかる被相続人の貸付事業を相続税の申告期限までに引き継ぎ、かつ、その申告期限までその貸付事業を行っていること。

②　相続等により取得した個人が、その宅地を相続税の申告期限ま

で有していること。

② 小規模宅地等の特例の対象外とされる貸付事業用宅地等

　貸付事業用宅地等のうち、相続開始前3年以内に新たに貸付事業の用に供された宅地は、小規模宅地等の特例の対象外とされます（租税特別措置法69条の4第3項第4号）。このため、相続開始直前に貸付用不動産を購入して、相続税の申告では小規模宅地等の特例の適用により税負担を軽減し、相続税の申告期限経過後すぐにその不動産を売却するという事例に対して、歯止めがかけられています。

　ただし、相続開始の日まで3年を超えて引き続き「準事業」[注]以外の貸付事業を行っていた被相続人の貸付事業の用に供されていた宅地は、貸付事業用宅地等として小規模宅地等の特例の対象とされます。

(注)「準事業」の意義

　　準事業とは、事業と称するに至らない不動産の貸付けその他これに類する行為で、相当の対価を得て継続的に行うものをいいます（租税特別措置法施行令40条の2第1項）。

「準事業以外の貸付事業」に当たるかどうかは、社会通念上事業と称するに至る程度の規模でその貸付事業が行われていたかどうかにより判定されます。この判定にあたり、被相続人等が行っていた貸付事業が不動産の貸付けである場合において、その不動産の貸付けがその者の所得税の計算上、不動産所得を生ずべき事業として行われているときは、その貸付事業は「準事業以外の貸付事業」に該当することとされます（租税特別措置法通達69の4−24の4）。

（山崎　信義）

★★

17　賃貸共同住宅につき入居者募集広告を出す等しても空室とされ、その敷地部分の小規模宅地等の特例の適用が否認された事例

Q 　貸付事業用宅地（貸家の敷地）にかかる相続税の「小規模宅地等の特例」（Q16参照）について、被相続人が生前に空室部分の入居者募集のため不動産業者と一般媒介契約を締結し、広告を出していたにもかかわらず、相続開始時点で空室部分に見合う宅地については特例の適用が認められなかった事例があると聞きました。その内容について教えてください。

A 　被相続人所有の賃貸共同住宅について、空室について被相続人が不動産業者と一般媒介契約を締結し、入居者募集の広告を出していたとしても、単にその契約や広告を放置していたにすぎない場合には、積極的に新たな入居者を募集していたとはいえないとして、空室部分に見合う敷地について税務署から小規模宅地等の特例の適用が否認され、その後の審査請求においても国税不服審判所（以下「審判所」）が特例の適用を認めなかったという事例があります（国税不服審判所令和5年4月12日裁決）。

解説

① 事案の概要

　裁決書によると、相続人のAさんは、被相続人から延床面積180㎡ほどの8室2階建ての賃貸共同住宅を敷地とともに相続しました。相続開始時点で入居者がいたのは3室で、残り5室には入居者がおらず、3室の空室期間は4年6か月以上、残り2室の空室期間は2か月から5か月でした。Aさんは、被相続人からこの貸付事業を引き継ぎ、相続税の申告では、賃貸共同住宅の敷地全体を小規模宅地等の特例の対象となる「貸付事業用宅地等」に該当するとして申告しました。これに

対し、所轄税務署長がその特例の適用を否認したことから、Aさんは審査請求により、審判所の判断を仰ぐことにしたものです。

② 納税者（相続人）の主張

　この審査請求において、Aさんは、おおよそ「相続の開始の時以降、請求人（Aさん）は各空室部分については、新たな入居者の募集を行っていないが、複数のインターネットサイトでは相続の開始の時以降も募集広告が出ているので、請求人が被相続人の貸付事業を引き継ぎ、申告期限まで引き続きその貸付事業の用に供していた。」と主張し、相続開始時点で空室となっていた部分にかかる敷地についても、「貸付事業用宅地等」に該当するとしていました。

③ 審判所の判断

（1）　事実認定

　審判所はまず、貸付事業用宅地等に関する小規模宅地等の特例について、次のように確認しました。

「①相続財産である宅地等が、相続の開始の直前において、被相続人等の貸付事業の用に供されていて、建物の敷地の用に供されているものであって（租税特別措置法第69条の4第1項）

②被相続人等の貸付事業の用に供されていた宅地等で、被相続人の親族が、相続開始時から申告期限までの間にその宅地等に係る被相続人の貸付事業を引き継ぎ、申告期限まで引き続きその宅地等を有し、かつ、その貸付事業の用に供していることなどの要件を満たす「貸付事業用宅地等」（同条第3項第4号）に該当するときに適用される。」

　次いで審判所は、上記を受けた租税特別措置法施行令40条の2第4項では、「特例の適用を受けようとする宅地等のうちに被相続人等の事業の用以外の用に供されている部分があるときは、その被相続人等

の本件特例に規定する事業の用に供されていた部分に限ると規定して
いる」ことを確認しています。

　さらに審判所は、租税特別措置法通達69の4-24の2で、特例の対
象となる貸付事業の用に供されていた宅地等に該当するかどうかは、
その宅地等が相続開始の時において現実に貸付事業の用に供されてい
たかどうかで判定するものの、その貸付事業の用に供されていた宅地
等には、その貸付事業に係る建物等のうちに相続開始の時において一
時的に賃貸されていなかったと認められる部分がある場合には、その
部分に係る宅地等の部分が含むとしていることを指摘しています。

　この場合の「一時的に賃貸されていなかったと認められる場合」に
ついて、審判所は「賃貸借契約が相続開始の時に終了していたものの
引き続き賃貸される具体的な見込みが客観的に存在し、現に賃貸借契
約終了から近接した時期に新たな賃貸借契約が締結されたなど、相続
開始の時の前後の賃貸状況等に照らし、実質的にみて相続開始の時に
賃貸されていたのと同視し得るものでなければならない」として、問
題の空室の敷地部分が一時的に賃貸されていなかったと認められるか
どうか、次の①と②の事実関係等をもとに、後述(2)のように判断しま
した。

①　被相続人と不動産業者との契約については、平成20年5月21
　　日に共同住宅に関して一般媒介契約を締結している。なお、共同
　　住宅に関して、（中略）不動産業者は本件共同住宅に係る集金業
　　務および管理業務を行っていない。

②　平成20年5月頃から申告書の提出期限に至るまで、複数の不
　　動産業情報サイトに、問合せ先を同不動産業者として入居者の募
　　集をする旨の広告が掲載されていた。なお、同不動産業者では、
　　オーナーから広告の掲載を取りやめたい旨の申出がない限りその
　　掲載を継続しており、また、広告の掲載のみでは手数料を取らず、
　　新たに入居者があるときに仲介手数料を取っている。

③　一般媒介契約を締結してから、申告期限に至るまでの間、同不動産業者は共同住宅に関して入居者を仲介した実績はなく、平成27年以降の共同住宅の空室の状況を把握していない。

⑵　「一時的に賃貸されていなかったかどうか」の判断

審判所は、空室のうち3室は「相続の開始の時において少なくとも4年6か月以上の長期にわたって空室の状態が続いていた」とし、もう2室についても「空室であった期間は長期にわたるものではない」が「一時的に賃貸されていなかったものとは認められない」と認定しました。その理由は次のとおりです。

①　不動産業者の仲介実績・空室の把握は、⑴②③のとおりである。

②　不動産業者においては、オーナーから広告の掲載を取りやめたい旨の申出がない限りその掲載を継続する扱いだったため、平成27年以降においては、被相続人が一般媒介契約および広告を放置していたにすぎず、積極的に共同住宅の新たな入居者を募集していたとはいえない。

③　空室期間が短い2室についても賃貸される具体的な見込みがあったとはいえず、空室のままの状態にされていたというほかない。

④　**留意点**

本件のように、被相続人が所有する賃貸共同住宅の空室部分について不動産業者と一般媒介契約を締結し、入居者募集の広告を出していた場合であっても、空室期間の長さや入居者募集の活動の実態によっては、空室部分にかかる敷地について貸付事業用宅地等と認められず、小規模宅地等の特例の適用から除外されるおそれがありますので、留意が必要です。

（山崎　信義）

★★

18　貸付用宅地に係る小規模宅地等の特例の限度面積計算

Q　父は、事業用宅地を300㎡、自宅である居住用宅地を200㎡、貸付用宅地を200㎡所有しています。数年後に相続がおこった際には事業用宅地と居住用宅地に小規模宅地等の特例を受けようと思いますが、限度面積が余れば貸付用宅地でも適用を受けたいと思います。何㎡適用できますか。

A　貸付用宅地とそれ以外の用途の宅地に小規模宅地等の特例を適用する場合は、限度面積の調整計算が必要になります。

解説

① 限度面積の調整計算

相続で貸付用宅地（貸付事業用宅地等）を選択した場合の限度面積の調整計算は次のとおりです（租税特別措置法69条の4第2項）。

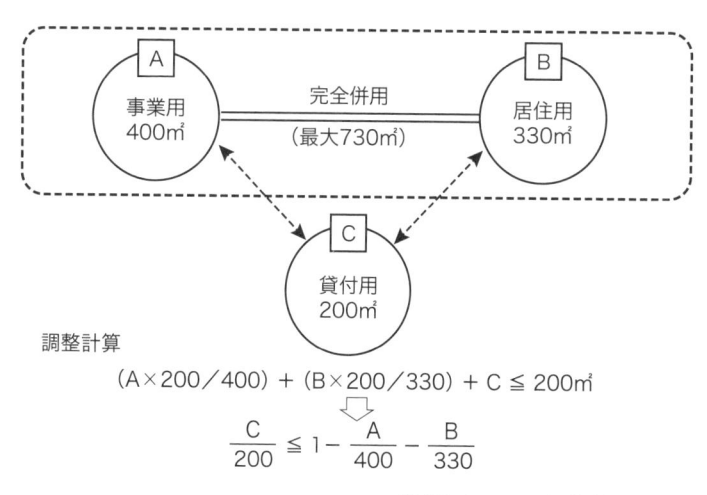

（財務省HPより抜粋、一部改変）

② 事業用宅地と貸付用宅地を選択した場合

事業用宅地（特定事業用宅地等・特定同族会社事業用宅地等）の

300㎡から優先適用した場合、貸付用宅地で適用できる面積は50㎡
となります。

貸付用宅地に適用できる限度面積

① 300㎡／400 = 0.75

② 200㎡×（1−0.75）＝50㎡

③ 居住用宅地と貸付用宅地を選択した場合

居住用宅地（特定居住用宅地等）の200㎡から優先適用した場合、
貸付用宅地で適用できる面積は約78㎡となります。

貸付用宅地に適用できる限度面積

① 200㎡／330 ≒ 0.61

② 200㎡×（1−0.61）≒ 78㎡

④ 事業用宅地と居住用宅地と貸付用宅地を選択した場合

事業用宅地と居住用宅地を選択した場合には、調整計算をすること
なく、それぞれの限度面積上限まで小規模宅地等の特例を適用するこ
とができます。

しかし貸付用宅地を一部でも選択する場合には①の調整計算が必要
となりますので、結果として今回のケースでは、事業用宅地と居住用
宅地を選択した場合に貸付用宅地に適用できる面積はないということ
になります。

貸付用宅地に適用できる限度面積

① 300㎡／400＝0.75

② 200㎡／330 ≒ 0.61

③ 200㎡×（1−0.75−0.61）＝△72㎡ → 0㎡

∴ 限度面積を超えているので貸付用宅地に適用できる面積は0。

（廣瀬　理佐）

第3章

不動産の組換えにかかる
譲渡所得の計算のポイント

19 資産の「譲渡の日」と「取得の日」

Q 譲渡所得の長期・短期の判定、譲渡申告すべき年度の判定にあたり、資産の「譲渡の日」と「取得の日」はどのように考えればいいのでしょうか。

A 棚卸資産等を除き、他から取得した資産の「取得の日」も他への「譲渡の日」もそれぞれ「引渡し日」または「契約日」のいずれかを選択することとなります。この選択により、短期譲渡か長期譲渡かの違いがでる場合もありますし、「譲渡の日」の選択によっては譲渡税率や各種譲渡特例の適用の可否に影響する場合もあります。

解説

① 「譲渡の日」

資産の譲渡の日はその資産の「引渡しがあった日」または「契約の効力が発生した日」のいずれかを選択することができます（所得税基本通達36-12）。

② 「取得の日」

資産の取得の日は次のとおりとされています（所得税基本通達33-9）。

他 か ら 取 得 し た 資 産	「引渡しがあった日」または「契約の効力が発生した日」のいずれかを選択
自 ら 建 設 等 し た 資 産	その建設が完了した日
他に請け負わせて建設等した資産	その資産の引渡しを受けた日

③ 選 択

資産の「譲渡の日」と「取得の日」はそれぞれ別々に選択することとなりますので、譲渡は「引渡しがあった日」とし、取得（他から取得の場合）は「契約の効力が発生した日」とすることもできます。選

択の仕方により長期譲渡か短期譲渡かの違いがでる場合もあり、また譲渡年度については譲渡所得の損益通算（事業所得や不動産所得との通算）を考慮して選択することも必要となります。税制改正により譲渡税の税率が変わる場合には特に注意が必要です。

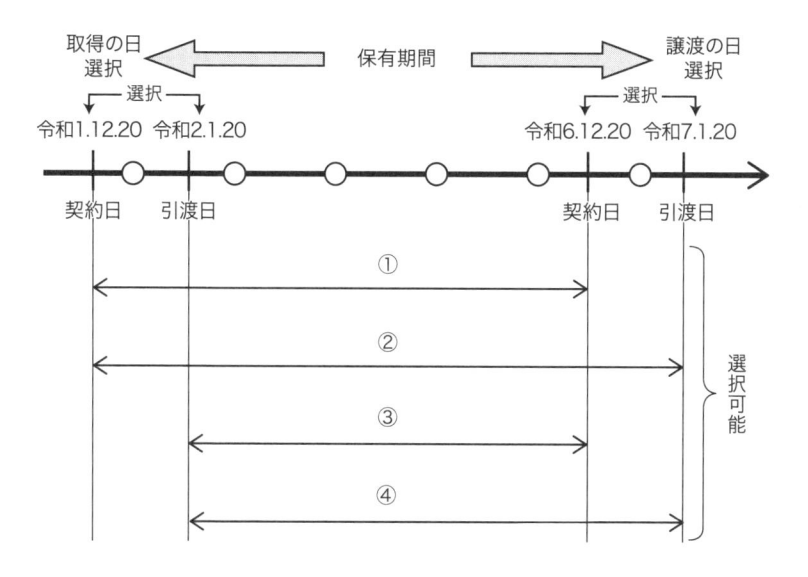

選択	長期・短期の判定期間	長期・短期	譲渡税
①	令和1.12.20〜令和6.1.1	（短期）	令和6年の譲渡税
②	令和1.12.20〜令和7.1.1	（長期）	令和7年の譲渡税
③	令和2.1.20〜令和6.1.1	（短期）	令和6年の譲渡税
④	令和2.1.20〜令和7.1.1	（短期）	令和7年の譲渡税

（杉山　正義）

20 借地人が底地を取得後に更地として売却した場合の譲渡所得

Q 私は、借地権の建物を数年前に相続で取得しました。3年前、地主の求めに応じ、底地を購入しました。購入時に更地時価が1億円だったので底地割合を40%として4,000万円で購入しました。

今年、相続した借地権と購入した底地を8,000万円で全部売却しました。この譲渡所得の計算は、どのように計算するのでしょうか。

なお、仲介手数料240万円を要しました。借地権については、権利金および更新料の支払いは不明です。

....

A 譲渡所得は、次のようになります。

1 底地部分の譲渡所得

　① 収入金額　8,000万円×4,000万円／10,000万円＝3,200万円

　② 取得費　　4,000万円

　③ 譲渡費用　240万円×3,200万円／8,000万円＝96万円

　④ 所得金額　3,200万円－4,000万円－96万円＝△896万円

　　　　　　　　　　　　　　　　　　　　　　　（短期譲渡所得）

2 借地権部分の譲渡所得

　① 収入金額　8,000万円－3,200万円＝4,800万円

　② 取得費　　4,800万円×5％＝240万円

　③ 譲渡費用　240万円×4,800万円／8,000万円＝144万円

　④ 所得金額　4,800万円－240万円－144万円＝4,416万円

　　　　　　　　　　　　　　　　　　　　　　　（長期譲渡所得）

3 短期譲渡所得と長期譲渡所得の内部通算

　△896万円＋4,416万円＝3,520万円（長期譲渡所得）

4 課税所得

　3,520万円

解説

① 収入金額

借地権を有する者が底地取得後に当該土地を売却した場合には、底地部分と借地権部分をそれぞれ売却したものとして取り扱います。

各収入金額は、次の計算によります（所得税基本通達33−11の3）。

① 底地部分の収入金額

土地売却額×底地の取得価額／底地取得時の土地更地時価

② 借地権部分の収入金額

土地売却額−底地部分の収入金額

② 取得費

① 底地の取得費は、購入額となります（所得税基本通達38−4の3）。

② 借地権の取得費

借地権の取得費は不明です。この場合、借地権について概算取得費（売却額の5％）が適用できるか否かの疑問が生じます。所得税基本通達33−11の3に、底地部分と借地権部分をそれぞれ売却したものとして取り扱う旨の規定がなされていますので、このことから、借地権について概算取得費が適用できることと解されると考えられます。

③ 譲渡費用

仲介手数料240万円は、譲渡収入金額の比率でそれぞれに按分します（所得税基本通達33−11）。

④ 内部通算と課税所得

短期譲渡所得がマイナスの場合、同じ譲渡所得である長期譲渡所得から損益通算します。最終的に譲渡所得は、長期譲渡所得3,520万円となります。

（杉山　正義）

21 「固定資産の交換」特例の概要

Q 「固定資産の交換」特例の概要を教えてください。

....

A 税法上の「固定資産の交換」特例を利用した場合、交換差金を収受しなければその交換については"譲渡"がなかったものとみなされて、譲渡税（所得税・住民税・復興特別所得税）または法人税の課税はありません。

解説

1 固定資産を交換した場合の課税関係

税法上は交換も譲渡の一形態と考えられます。この場合、交換により取得した資産の時価をその交換（譲渡）の収入金額として譲渡損益の計算を行います。

2 交換特例の適用要件

しかしながら、下記の要件を満たす交換であれば、個人なら譲渡はなかったものとみなして課税は繰延べられ、法人なら譲渡益と同額の圧縮損を計上することにより、やはり課税を繰延べることができます（所得税法58条、法人税法50条）。ただし、交換差金を収受した場合にはその金額分だけの譲渡があったものとして課税されることとなります。

〈特例の適用要件〉

① 互いに1年以上所有していた固定資産を交換したこと

② 交換譲渡資産と交換取得資産は次の同一区分の資産であること

一　土地（借地権・農地耕作権を含む）

二　建物（建物附属設備・構築物を含む）

三　機械及び装置

四　船舶

　　五　鉱業権（租鉱権、採石権等の権利を含む）

③　交換取得資産は交換譲渡資産の譲渡直前の用途と同一の用途に供すること

④　交換時における時価の差額が、いずれか高いほうの20％以内であること

③　第三者間の交換

　ここで、上記②の要件④について交換譲渡資産と交換取得資産の時価の算定がポイントとなりますが、利害関係のない第三者間で等価として交換した場合等では、たとえ客観的な時価に開きがあったとしても、その時価は等しいものと考えることができます。

④　片割れ交換

　また、上記②の要件③にいう「同一の用途に供する」とは、それぞれの固定資産について下表に掲げる同一の区分となることをいっています。つまり、交換譲渡した土地が「宅地」であれば交換取得した土地も「宅地」として使用すれば同一の用途に供したこととなるということです。　なお、この要件はこの特例を受けようとする側のみの要件であり、たとえ交換の相手方が交換直後にその資産を売却した場合等でも、それをもって当方がこの特例の適用外とされることはありません。これを「片割れ交換」といいます）。

交換譲渡資産の種類	区　　分
土地	宅地、田畑、鉱泉地、池沼、山林、牧場または原野、その他
建物	居住用、店舗または事務所用、工場用、倉庫用、その他用

⑤　適用に当たっての注意点

　個人が交換特例の適用を受けることにより、土地等の組替えを譲渡税なしで行うことができ、資産活用や相続対策等において大変便利な

のですが、次の点に注意しなければなりません。

(1) 将来の譲渡税

「固定資産の交換」特例により取得した資産の取得価額は交換により譲渡した資産の取得費（譲渡原価）を引き継ぐこととされるため、将来この交換取得資産を譲渡した場合には多額の譲渡益が計上されることがあります。

(2) 不動産取得税・登録免許税

「固定資産の交換」特例によって資産を取得した場合でも、不動産取得税、登録免許税については通常の売買と同様の課税を受けることとなります。

6 「固定資産の交換」特例の使い方

ところで、この「固定資産の交換」特例、実務的にはかなり使い勝手のいい制度です。一口に「交換」といってもその目的はさまざまです。以下、比較的多く行われているケースを紹介します。

〈事例1 底地と借地権の交換〉

地主が持つ底地の一部と借地人が持つ借地権の一部とを交換して、地主借地人の関係を解消し、それぞれの完全所有権とします。地積は小さくなりますが、借地人は地代が必要なくなり、売却も自由です。地主は土地を自己利用することができることとなります。

〈事例2 物納財産確保〉

将来の相続税を、その相続財産となる親の土地ではなく子が以前から所有していた土地を使って納税したい場合には、相続開始前にこれらの土地を交換しておきます。交換によって相続財産となれば譲渡、

物納も考えられ、譲渡した場合でも相続税の取得費加算の適用を受けることができ、譲渡税の流出を抑えることができます。

〈事例3　子の借金を親の土地を売って返済〉

子の借金を親が所有する土地を売って返済した場合には、親について譲渡税、子については贈与税が課せられることとなり、借金の返済資金が減少します。例えば親が他の宅地を持ち、自宅敷地が親子共有である場合に、親子間で土地の交換をして子の所有としてから売却する方法が考えられます。その親の土地と自宅敷地のうちの子の持分とを交換して権利関係をシンプルにしておけば、子が売却することで贈与税は生じなくなります。

〈事例4　土地の利用効率を上げるために〉

隣接する狭小地をAさんとBさんが所有しているとします。どちらも単独では狭すぎて効率的な利用ができません。そこでAさんが所有する別の土地とBさんの土地とを交換します。BさんにとってはAさんが所有する別の土地のほうが利用価値が高く、Aさんは全体を有効利用することができ、双方にとってメリットがあります。客観的な地価はBさんが交換取得した土地のほうが高いとしても、第三者間であるAさんBさん双方が"等価"と認識して交換した場合には贈与税等の問題は生じません。

（杉山　正義）

22 底地・借地権の交換

Q 祖父の代から賃貸している土地があります。この土地（底地）は兄弟で共有しているのですが、低い地代で固定資産税の負担も重く、将来の相続税も気になるため、何とか現金化したいとの話が持ち上がりました。そこで、借地権者に底地の買取りを打診しましたが、資金不足と断られ、それでは一緒に第三者に売却するのはどうかと呼びかけましたが、住み慣れた場所を離れたくないと、これも断られました。敷地に比較的余裕があるため、土地を分けて借地権分を借地権者に渡し、残りを売却しようと考えています。税務上はどのような取扱いとなりますか。

・・・

A 底地と借地権の交換においては、交換後の利用状況により、借地権者と底地権者の税務上の取扱いは異なります。

解説

交換も譲渡の一種となるため、原則として譲渡税の課税対象となります。本問における借地権者のように、交換差金の授受がなく交換前後の土地の利用状況に変化がなければ、固定資産の交換の特例（所得税法58条）が適用され、課税されません。これに対し、底地権者は交換後すぐに売却してしまうため、交換前と交換後の用途が違うので、交換の特例は適用できません。

底地を一部売却して、借地権部分を取得し、その後従来から所有している底地部分と新たに取得した借地権部分をあわせて売却するという考え方となります。そのため、交換時と売却時の2回分の譲渡の申告をします。

土地の全体価格が5億円で、分割割合が借地権者6割、底地権者4割で合意したものとします。底地権者が所有している底地権分2億円の6割に相当する1.2億円分と、借地権者が所有している借地権分3

億円の4割に相当する1.2億円分とを交換します。この結果、借地権者が3億円、底地権者が2億円の土地を所有することとなります。

底地権者の譲渡の申告は、交換時には譲渡価額1.2億円として譲渡損益を算定します。その後の売却時には、新たに取得した借地権部分は短期譲渡となり、その取得価額は1.2億円として譲渡損益を算定します。従来から所有している底地部分については、所有期間に応じ通常の譲渡損益を算定します。

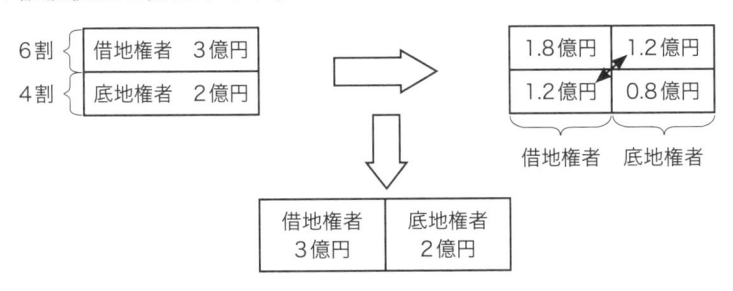

底地と借地権の交換においては、まず底地権と借地権の分割割合を決めることが重要となります。分割割合については、両者の合意に基づく割合で分割することとなりますが、賃貸借契約上で分割割合を規定している場合以外は、税務上の借地権割合を基準として、譲渡承諾料、分割に至る経緯等を考慮して決めるケースが多いようです。具体的には、借地権割合が6割の地域で、底地：借地権＝4.5：5.5あるいは底地：借地権＝5：5とするような場合です。ただし、これらはあくまでも両者間で話し合い、納得して合意することが必要です。

分割割合の合意を整えるとともに、その土地をどのように分筆するのか、分筆するための測量費・登記費用等の費用負担をどのようにするのかについても、両者間での十分な話し合いと合意をしなければなりません。特に、土地の分割方法により分割後の土地単価が変化するような場合には、分割割合と分割方法の調整を考えることが大切です。

（杉山　正義）

23　底地・借地権交換後の一部譲渡

Q 　昨年12月に底地と借地の交換を行い、近い将来に所有権となった土地の一部の売買を検討することになると思いますが、交換の特例および居住用財産の3,000万円の特別控除の規定の適用はできますか。

A 　売買を行う目的で交換したものでない限りは適用を受けられます。

解説

固定資産の交換の特例は、次のすべての要件を満たす交換にかかる譲渡所得について適用されます。

(1)　交換譲渡資産と交換取得資産とは、以下のグループに属する同種の固定資産であること

①　土地（建物等の所有を目的とする借地権等を含む。）

②　建物（建物付属設備および構築物を含む。）

(2)　交換譲渡資産と交換取得資産とは、いずれの所有者も1年以上所有していた固定資産であること

(3)　相手方の固定資産は交換のために取得したものでないこと

(4)　交換譲渡資産の時価と交換取得資産の時価の差額は、これらの時価のうちいずれか多いほうの20％以内であること

(5)　交換取得資産を交換譲渡資産の交換直前の用途と同一の用途に供すること

上述の適用要件には交換取得資産を交換譲渡資産の交換直前の用途と同一の用途に供しなければならないという要件はありますが、有しなければならないという要件はなく交換後の所有期間の制限規定はありません。

したがって、今回のケースは交換後近い将来の売却ですが、少なくともその間同一の用途に供したことは事実であり、仮に売買すること

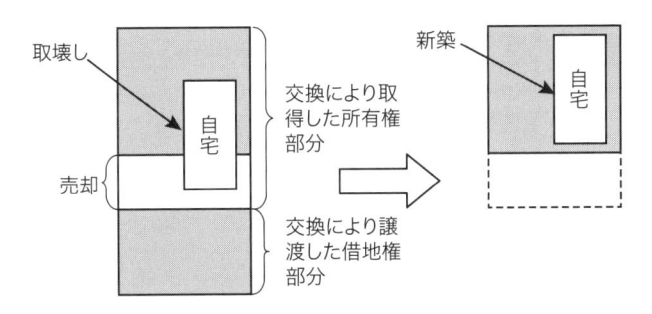

が交換時点より既に決定されていたものであることを税務当局側が立証できなければ、否認できないものと思われます。

その立証根拠ですが、例えば交換時と今回の売買時との仲介業者が同一である等、個別具体的に事実を積み上げた結果、最初から出来レースであったという客観的事実が裏付けられたという場合等が想定されます。

仮に立証が裏付けられた場合には当初の交換自体が否認され、売買がなかったものとみなされた取引が一般譲渡であったとして、修正申告をしなければならないこととなります。

次に居住用財産の3,000万円の特別控除の適用ですが、前述の交換の否認の有無にかかわらず適用を受けることができます。

居住用財産の3,000万円の特別控除は、まず家屋を売却することが前提として存在し、その家屋とともに敷地も譲渡した場合には、その譲渡益に対して3,000万円の範囲内で特別控除しようとするものです。

したがって、家屋の一部分とともに敷地を売却した場合には、その売却しなかった家屋が独立した家屋として居住可能であれば、特別控除の適用は受けられません。つまり、居住用家屋の敷地の一部の譲渡であっても、その家屋をいったん取り壊し、その残地に新築し直すのであれば、この特例を受けることが可能となるわけです。

今回のケースですと、家屋についてはいったんすべて取り壊すということですので、問題なく適用されることとなります。　（杉山　正義）

24　転借地人がいる場合の底地と借地権の交換

Q　私の父は土地を借りて建物を所有していましたが、20年前にこの建物を建て替える際、父の経営するA社の名義で倉庫を建築し、賃貸していました。会社は父に地代を払っており、現在は私が支払を受けています。その後、父も地主も亡くなり、代替わりしています。この度、この土地を更地にしたうえで半分に分筆し、底地と借地権を交換差金なしで交換することに同意を得ました。地主は、土地の賃貸借契約の契約者は私個人なので、A社の名前があるものは認めないとのことで、私も倉庫を建築した際の地主への承諾を取った事実を証明するものがないので、しょうがなく地主と私との間で交換契約書を交わしました。ところで従前の建物所有者は会社で、会社にも権利があります。分筆後土地の上に法人名義でアパートを建築するので、交換後の土地にも会社の権利を入れたいと思います。私と地主との契約書だけで三者間で所得税法58条の交換の適用を受けることができるでしょうか。

A　A（A社）、B（私）、C（地主）を当事者として交換が成立します。Cは交換契約に基づく面積の土地を、AとBはAの交換契約に基づく土地を借地権割合で按分した権利を取得します。

解説

① 転借地権の有無

　Bが建物を登記している場合には、第三者に対して対抗できる転借地権を持っていることになります（借地借家法10条第1項）。しかし税法の上では、①その土地に借地権の対価として権利金の授受をする慣行があり、②権利金の支払に代えて更地に対する相当地代を支払う契約でなく、③土地の無償返還に関する届出を税務署に提出していない場合に借地権（転借地権）の存在が認められます。A社に権利金等

の財産がある、または過去に認定課税されて地代が払われていれば転借地権があると判断していいでしょう。

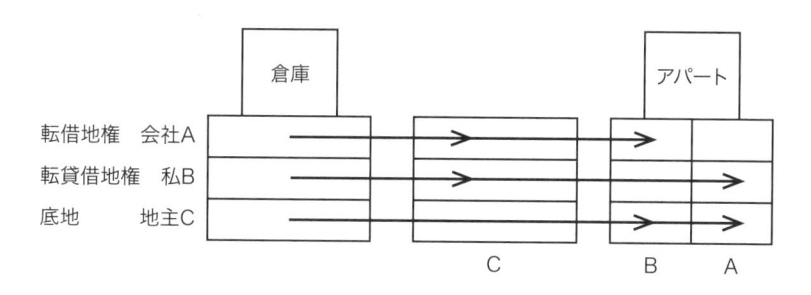

2　交換契約の内容について

　他人の権利を譲渡した場合には、売主はその権利を他人から取得して、買主に移転する義務があります（民法560条）。この考えでいくと、BはAの転借権を取得してCに譲渡し、取得した土地のうちAの権利相当額をAに引き渡すことになります。すると交換の要件である保有要件、同一用途要件、差金20％以内要件のいずれも満たさなくなり、交換の適用はできなくなります。しかし取引の実質をみると、Aは契約当事者であり、やむを得ない事情があり本来契約当事者である転借地人がない契約書が交わされ、土地が交換された場合においても、転借地人は従前の権利に見合う土地の取得ができます（所得税法12条）。

3　交換取得資産

　交換取得資産は、①Aが借地権でBが底地を取得をする方法と、②AとBが従前土地の権利の割合（借地権割合）に応じて持分または分筆して取得する方法があります。②の方法をとる場合には、アパートを建築するとBの土地にさらに借地権が発生してしまい、課税の対象となるので、無償返還に関する届出をするか否かも検討しなければなりません。

（杉山　正義）

★

25　個人の特定の事業用資産の買換え特例（3号）の概要

Q　賃貸物件など個人が所有する事業用資産について、税務上その買換えがしやすい「特定の事業用資産の買換え特例（3号）」があると聞きますが、その概要を教えてください。

⋯⋯⋯⋯⋯⋯⋯⋯⋯⋯⋯⋯⋯⋯⋯⋯⋯⋯⋯⋯⋯⋯⋯⋯⋯⋯⋯⋯⋯

A　「特定の事業用資産の買換え特例」とは、特定の事業用資産を譲渡して、譲渡した資産とセットになる資産に買換えし事業の用に供する場合に、譲渡益の一定割合の課税を繰延べるという特例です。この3号の適用を受けることにより、税金としての流出を抑えながら資産の組換えができ、より効率のいい資産やより収益力のある賃貸物件への買換えが行いやすくなります。

解説

1　特定の事業用資産の買換え特例（3号）の概要

　所得税の特定の事業用資産の買換え特例は、個人が特定の地域内にある事業用資産を譲渡して、一定期間内に特定の資産を取得し、かつ1年以内に事業の用に供する等の所定の要件を満たした場合、譲渡益の一定割合（課税繰延割合）に相当する金額の課税が繰延べられるという税制です（租税特別措置法（措法）37条。法人税でも措法65条の7で同様の税制が設けられています）。この特例のうち利用されることが多いのが、措法37条第1項第3号の買換え（以下「3号買換え」）です。

　この3号買換えでは、国内にある土地等、建物または構築物で譲渡日を含む年の1月1日において所有期間が10年を超えるもの（譲渡資産）を譲渡し、国内のある一定の土地等、建物等または構築物（買換資産）を取得した場合に、適用を受けることができます。

　ただし、土地は特定施設の敷地の用に供されるものまたは駐車場の用に供されるもので、その面積が300㎡以上のものに限られます。課

税が繰延べられる譲渡益とは、たとえば売却した資産の収入金額のうち買換資産の取得に充てられた金額の原則80%$^{(注)}$に相当する金額までで、これを超える金額は課税されることになります。

（注）譲渡する資産と買換えする資産の所在地によっては、課税繰延割合が次の通りになります（租税特別措置法37条第10項）。

① 東京都の特別区内から地域再生法の集中地域*以外への主たる事務所の所在地の移転を伴う買換え…90%

② 地域再生法の集中地域*以外から集中地域内（東京都の特別区除く）への買換え…75%

③ 地域再生法の集中地域*以外から東京都の特別区内への買換え…70%

④ 地域再生法の集中地域*以外から東京都の特別区内への主たる事務所の所在地の移転を伴う買換え…60%

* 「集中地域」とは、東京都の特別区、武蔵野市、三鷹市、横浜市、川崎市、大阪市等の、法令が定める一定の地域をいいます（地域再生法5条第4項第5号イ、同政令5条）。

② 同一年に譲渡資産の譲渡と買換資産の取得をした場合の届出

（1） 概　要

同一年に譲渡資産の譲渡と買換資産の取得をした場合には、譲渡資産の譲渡日または買換資産の取得日のいずれか早い日を含む「3月期間」の末日の翌日以後2か月以内に、この特例の適用を受ける旨、および取得見込資産または譲渡見込資産の種類等を記載した届出書を税務署長に提出することが必要になります（租税特別措置法37条第1項、同施行令25条第3項）。

なお、この届出書を提出した場合であっても、譲渡資産の譲渡と買換資産の取得を同一年中に行わなかった場合は、別途手続きが必要になります。買換資産の取得が譲渡の年の翌年以降となる場合（租税特別措置法37条第4項）には、譲渡年の翌年3月15日までに「買換（代

替）資産の明細書」を提出する必要があります。また、譲渡の前年中に先行取得した資産を買換資産として特例を受ける場合（同条第3項）には、取得年の翌年3月15日までに「先行取得資産に係る買換えの特例の適用に関する届出書」を提出する必要があります。

(2)　「3月期間」の意義

(1)の「3月期間」とは、1月1日〜3月31日、4月1日〜6月30日、7月1日〜9月30日、10月1日〜12月31日の各期間をいいます（租税特別措置法施行令25条第3項）。

(3)　法人税の特定の事業用資産の買換え特例（3号）

法人税の3号買換えについても、(1)とほぼ同様の規定があります。ただし法人税の3号買換えでは、(1)の「同一年」が「同一事業年度」、(2)の「3月期間」の意義が「事業年度をその開始の日以後3か月ごとに区分した各期間」となります（租税特別措置法65条の7第1項、同施行令39条の7第2項）。

③　買換え特例の適用を受けた場合のメリット・デメリット

メリット	①資産の譲渡による税流出が抑えられ、資産の組替えが容易になるため、より有効な事業用資産の活用が可能となります。 ②僅かな自己資金（借入金）で資産の組替えができます。
デメリット	①課税の繰延べ部分について譲渡資産の取得費が買換資産に引き継がれるため、買換資産の取得価額が小さくなり、その後計上できる減価償却費が少なくなります。また、買換資産を譲渡した場合には譲渡益が大きく計上される可能性があります。 ②譲渡資産の取得日は買換資産に引き継がれないので、買換え後短期間で譲渡した場合には短期譲渡として課税される可能性があります。

（江﨑　隆一）

★

26　相続空き家特例の適用要件

Q　「相続した空き家の敷地を譲渡した場合の譲渡所得の特別控除の特例」（租税特別措置法35条第3項第2号、第3号。以下「相続空き家特例」）について、相続した空き家を取壊して敷地のみを買主に引き渡す場合の適用要件について教えてください。

....

A　親が亡くなって空き家になった住宅を相続人等が譲渡する場合に、一定の要件を満たすと、譲渡所得から最大3,000万円を控除する「相続空き家特例」が適用できます。適用にあたっては、下記の「② 適用対象となる住宅等の要件」および「③ 適用対象となる譲渡の要件」を満たすかどうかがポイントになります。

解説

①　特例の概要

相続開始の直前において、被相続人のみが主として居住の用に供していた家屋で、下記②の要件を満たす家屋（以下「被相続人居住用家屋」）およびその敷地の両方を相続または遺贈により取得した個人が、令和9年12月31日までにその敷地を譲渡して一定の要件を満たす場合は、譲渡所得の金額から最大3,000万円[注]を控除できます。

（注）被相続人居住用家屋および被相続人居住用家屋の敷地等を相続または遺贈により取得した相続人の数が3人以上である場合は一人当たり2,000万円までとなります（租税特別措置法35条第4項）。

②　適用対象となる住宅等の要件

⑴　被相続人居住用家屋の要件

次の①〜③のすべての要件を満たす家屋をいいます（租税特別措置法35条第5項）。

①　相続開始の直前において、被相続人の居住の用に供されていた

家屋であること。

② 昭和56年5月31日以前に建築された家屋（区分所有建築物を除く。）であること。

③ 相続の開始の直前において、被相続人以外に居住をしていた者がいなかった（つまり、被相続人のみが居住していた）ものであること。

(2) 被相続人居住用家屋の敷地等の要件

次の①および②の要件を満たすことが必要です（租税特別措置法35条第5項）。

① 相続の時から譲渡の時まで、事業の用、貸付けの用または居住の用に供されていたことがないこと。

② 被相続人居住用家屋の取壊し等の時から譲渡の時まで、建物または構築物の敷地の用に供されていたことがないこと。

③ 適用対象となる譲渡の要件

(1) 譲渡の要件

相続空き家特例の対象となる譲渡は、次の要件を満たすケースです（租税特別措置法35条第3項）。

① 令和9年12月31日までの譲渡であること

② 相続が開始した日から3年を経過する日の属する年の年末までに譲渡したものであること。

③ 譲渡対価が1億円以下であること。

(2) 被相続人居住用家屋の取壊しの時期の要件

被相続人居住用家屋を取壊してその敷地のみを買主に引き渡す場合、次の①または②の要件を満たす必要があります（同条第3項第2号、第3号）。

①　その譲渡にかかる売主が、相続または遺贈により取得した被相続人居住用家屋の全部の取壊し等をした後に、被相続人居住用家屋の敷地等を譲渡したこと。

　　なお、その相続人居住用家屋の敷地等は、相続の時から譲渡の時まで事業の用、貸付けの用または居住の用に供されていたことがないものであることが必要です。

②　被相続人居住用家屋とともに被相続人居住用家屋の敷地等を譲渡する場合で、次のイおよびロの要件を満たすこと（相続または遺贈により取得した被相続人居住用家屋を譲渡するか、被相続人居住用家屋とともに被相続人居住用家屋の敷地等を譲渡する場合で一定の要件を満たす譲渡を除きます）。

　イ．相続の時から譲渡の時まで事業の用、貸付けの用または居住の用に供されていたことがないこと。

　ロ．譲渡の時からその譲渡の日の属する年の翌年2月15日までの間に、その譲渡に係る売主または買主が被相続人居住用家屋の全部の取壊し等を行ったこと。

(3)　その他の要件

①　譲渡した住宅・敷地につき、譲渡所得の他の特例の適用を受けていないこと。

②　売主と親子関係など特別の関係にある人に対して譲渡したものでないこと。

③　被相続人居住用住宅につき一度、相続空き家特例の適用を受けたことがある場合には、同じ被相続人の住宅や敷地についてもう一度、その特例を受けることができないこと。

4　**手続要件**

相続空き家特例の適用を受けるには確定申告が必要です。その場合、

譲渡した不動産が特例の要件を満たすものであることを証するため、売った相続空き家の所在地を管轄する市区町村長から交付を受けた「被相続人居住用家屋等確認書」（租税特別措置法35条第12項、同施行規則18条の2第2項第2号）を確定申告書に添付することが求められています。

5　その他の注意点等

(1)　相続空き家特例は、相続財産を売却した場合に適用の検討ができる「相続税の取得費加算特例（租税特別措置法39条、Q59参照）」と、重複適用はできません。適用に際し、どちらかを選択する必要があります。

(2)　空き家の相続をする際に、相続税の「特定居住用宅地等にかかる小規模宅地等の特例」（租税特別措置法69条の4・Q13参照）の適用を受けたうえ、所得税の相続空き家特例の適用を受けられるケースがあります。そのケースとは、空き家を相続した人が小規模宅地等の特例の適用上、俗にいう「家なき子」（租税特別措置法69条の4第3項第2号ロ）であった場合です。この「家なき子」で「小規模宅地の特例」の適用を受けるには、「相続開始時から相続税の申告時まで、被相続人が相続開始直前まで住んでいた居住用宅地等を引き続き保有していること」という要件がありますが、「居住する」必要はありません。この場合には「小規模宅地等の特例」と、「相続空き家特例」の両方の適用を受けることができます。

(3)　相続空き家特例を適用するため家屋を取壊す場合は、固定資産税・都市計画税の賦課期日である1月1日時点で更地の状態となり、「住宅用地」と認定されなくなると、「住宅用地の課税標準の特例（地方税法349条の3の2ほか）」の適用がなくなり、固定資産税・都市計画税の負担が増えるので、取壊しの時期や引渡時期に注意が必要です。

（工藤　晴子）

★★

27　「相続空き家特例」の譲渡対価（1億円以下）要件の判定

 　乙さんは、令和5年12月に亡父からの相続により家屋Cと宅地Dの持分3分の2を取得し、乙さんの弟は宅地Dの持分3分の1を取得しました。家屋Cは、亡父が昭和54年に自宅として建築した一棟の建物で、宅地Dは家屋Cの建築の際に亡父が購入したその敷地です。亡父は、令和2年の乙さんの母の死亡後、相続開始直前まで一人で家屋Cに居住していました。父の死亡後、相続人である乙さんと弟は家屋Cをずっと空き家にしており、宅地Dも特に使用していません。乙さんは令和6年1月に家屋Cを取壊し、弟とともに同3月に宅地Dを上場会社の㈱Yに対価1億2,000万円で譲渡しました。乙さんは、宅地Dに係る譲渡所得の金額が多額になることから、その所得税の計算上、租税特別措置法35条第3項第2号の「相続した空き家を取壊し後、同じく相続したその敷地を譲渡した場合の譲渡所得の特別控除」（以下「相続空き家特例」）の適用を受けたいと考えています。

　相続空き家特例の適用を受けるための要件の一つに、「特例の対象となる資産の譲渡対価が1億円を超えないこと」があります。乙さんの場合、譲渡資産（宅地D）の一部（持分3分の2）のみが相続空き家特例の対象資産（＝亡父の居住用家屋の敷地）で、譲渡対価のうち相続空き家特例の対象資産に対応する額（1.2億円×2/3＝8,000万円）は1億円以下です。この場合に、乙さんは相続空き家特例の適用を受けることができますか。

⋯⋯⋯⋯⋯⋯⋯⋯⋯⋯⋯⋯⋯⋯⋯⋯⋯⋯⋯⋯⋯⋯⋯⋯⋯⋯⋯⋯⋯⋯⋯⋯⋯⋯⋯⋯

A 　乙さんの相続空き家特例の対象資産（＝令和5年に亡父から相続した宅地Dの持分3分の2。以下「対象資産」）の譲渡と同じ年に、乙さんの弟が、対象資産と一体的に被相続人（亡父）が居住していた家屋Cの敷地として使用されていた土地（後述2(2)において「対象資産と一体の敷地」という。）である、亡父から相続した宅

75

地Dの持分3分の1を譲渡しており、これら2つの資産の譲渡対価の合計額が1億円を超えていることから、乙さんは相続空き家特例の適用を受けることができません。

解説

1 相続空き家特例の概要

　相続の開始の直前において、被相続人のみが主として居住の用に供していた家屋で、昭和56年5月31日以前に建築されたもの（区分所有建築物を除く。以下「被相続人居住用家屋」）およびその敷地の両方を相続または遺贈（死因贈与を含む。以下同じ。）により取得した個人（本問では乙さん）が、被相続人居住用家屋を取壊した後にその敷地を譲渡した場合には、その譲渡対価が1億円を超えるものを除き、譲渡所得の金額から最大3,000万円を控除することができます（租税特別措置法35条第3項第2号。なお適用要件の詳細はQ26参照）。

2 「譲渡対価が1億円を超える」かどうかの判定における追加要件

　相続空き家特例の適用において、上記1の「譲渡対価が1億円を超える」かどうかを判定する場合には、次の(1)および(2)の要件もあわせて考慮する必要があります。

(1)　その相続または遺贈により被相続人居住用家屋またはその敷地を取得した個人（以下「居住用家屋取得相続人」）が、対象資産を1億円以下の対価で譲渡した場合に、その年中に「居住用家屋取得相続人」が対象資産と一体の敷地を譲渡した場合は、これら譲渡対価の合計額が1億円を超えないこと（同第6項）。

(2)　居住用家屋取得相続人が対象資産を1億円以下の対価で譲渡した後、その譲渡の翌年以降3年目の年末（以下「制限期間」）までに対象資産と一体の敷地を譲渡した場合は、1回目の譲渡対価（1回目の譲渡をした年中に2回目の譲渡をしたときは、2回目の譲渡対価も含む。）と、制限期間内の全ての対象資産と一体の敷地の譲渡

対価の合計額が、1億円を超えないこと（同第7項）。

(1)と(2)において、上記「居住用家屋取得相続人」には、被相続人居住用家屋の敷地のみを相続または遺贈により取得した相続人も含まれます（租税特別措置法通達35–21）。本問の場合、乙さんのほか、乙さんの弟も（被相続人居住用家屋である家屋Cを取得しないため相続空き家特例の対象にはならないものの）、「居住用家屋取得相続人」に該当します。

③　本問へのあてはめ

居住用家屋取得相続人である乙さんと弟が宅地Dの譲渡で得た1億2,000万円は、【「対象資産」の譲渡対価】と、【「対象資産と一体の敷地」の譲渡対価】の合計額であり、これが1億円を超えるため上記②の要件を満たすことができません。したがって乙さんは、相続空き家特例の適用を受けることができません。

相続空き家の敷地の持分を相続した後に譲渡した場合の譲渡対価要件

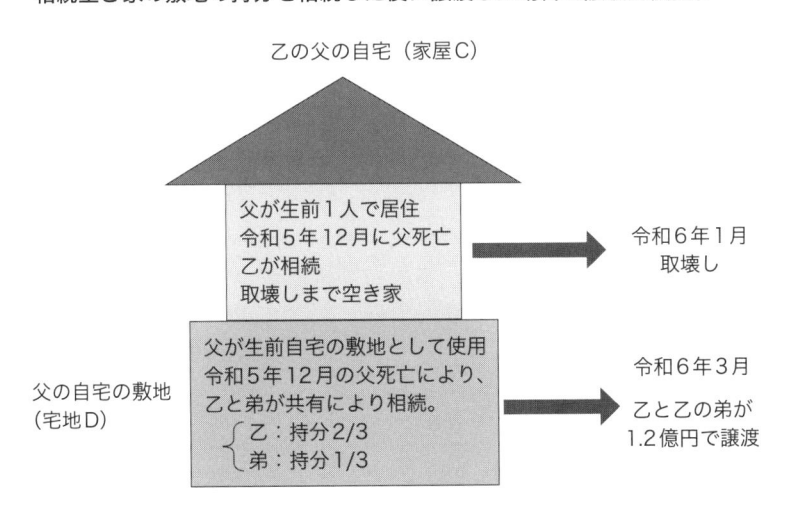

（工藤　晴子）

28 被相続人が相続の開始直前に老人ホームに入居していた 場合の「相続空き家特例」

 「相続した空き家を取壊し後、同じく相続したその敷地を譲渡した場合の譲渡所得の特別控除」（租税特別措置法35条第3項第2号・以下「相続空き家特例」）について、被相続人が相続の開始直前に老人ホームに入居していた場合の取扱いを教えてください。

 この特例の適用対象となる「被相続人居住用家屋」（下記解説の②参照）は、相続開始の直前に被相続人の居住の用に供されていた家屋であることが要件とされます。ただし、被相続人が相続開始の直前に老人ホームに入居していた場合であっても、一定の要件を満たすことにより、この特例の適用が認められます。

解説

① 相続空き家特例の概要

　相続の開始の直前において、被相続人のみが主として居住の用に供していた家屋で、昭和56年5月31日以前に建築されたもの（区分所有建築物を除く。以下「被相続人居住用家屋」）およびその敷地の両方を相続または遺贈により取得した個人が、被相続人居住用家屋を取壊した後にその敷地を譲渡した場合は、一定の要件を満たすことにより、所得税の計算上、譲渡所得の金額から最大3,000万円を控除できる特例が設けられています（租税特別措置法（措法）35条第3項第2号、第4項、措法施行令23条第6項）。

② 被相続人居住用家屋の意義

　この特例の対象となる「被相続人居住用家屋」とは、次の(1)〜(3)のすべての要件を満たす家屋をいいます（措法35条第5項）。

(1) 相続開始の直前において、被相続人の居住の用に供されていた家

屋であること。

(2) 昭和56年5月31日以前に建築された家屋（区分所有建築物を除きます。）であること。

(3) 相続の開始の直前において、被相続人以外に居住をしていた者がいなかったものであること。

③ 被相続人が相続開始の直前に老人ホームに入居していた場合の相続空き家特例の適用

(1) 被相続人居住用家屋とその敷地の対象の拡大

上記②(1)より、「被相続人居住用家屋」は相続開始の直前に被相続人の居住の用に供されていた家屋であることが要件とされ、老人ホームに入居中に　相続が開始した場合は、被相続人が入居前に住んでいた自宅は相続開始の直前に被相続人の居住の用に供されていないことから、被相続人居住用家屋には該当しません。しかし高齢者が自宅を離れ老人ホームに入居後に元の自宅に戻る場合や、元の自宅を家財置き場等として使用する場合があり、生活の本拠が完全に老人ホームに移ったとは言えないケースもあります。そこで被相続人が相続開始の直前に老人ホームに入居していたときでも、一定の要件を満たす場合には元の自宅が「被相続人居住用家屋」に該当するものとして、相続空き家特例の適用が認められています。具体的には、相続空き家特例の適用対象となる被相続人居住用家屋およびその敷地として、「"『対象従前居住の用』に供されていた"被相続人居住用家屋およびその敷地」が含まれることとされています（措法35条第5項、措法施行令23条第8項、第9項）。

(2) 「対象従前居住の用」の意義

「対象従前居住の用」とは、[1] 次の①～③の要件を満たし、かつ [2] 下記(3)の特定事由により相続の開始直前において家屋が被相続人の居住の用に供されていなかった場合における、その特定事由により居住

の用に供されなくなる直前のその被相続人の居住の用をいいます（措法35条第5項。措法施行令23条第9項）。

① 特定事由により、被相続人居住用家屋が被相続人の居住の用に供されなくなった時から相続の開始の直前まで、引き続き被相続人居住用家屋がその被相続人の物品の保管その他の用に供されていたこと

② 特定事由により、被相続人居住用家屋が被相続人の居住の用に供されなくなった時から相続の開始の直前まで、その被相続人居住用家屋が事業の用、貸付けの用または被相続人以外の者の居住の用に供されていたことがないこと。

③ 被相続人が、(3)①の有料老人ホーム等に入居等をした時から、相続開始の直前までの間において、被相続人の居住の用に供する家屋が2以上ある場合には、これらの家屋のうち、その施設等が、被相続人が主としてその居住の用に供していた一の家屋に該当するものであること。

⑶ 特定事由の意義

特定事由とは、次の①または②の事由をいいます（措法35条第5項、措法施行令23条第8項）。

① 介護保険法の要介護認定または要支援認定を受けていた被相続人が、養護老人ホーム、特別養護老人ホーム、有料老人ホーム、介護老人保健施設、サービス付き高齢者向け住宅等に入居等をしていたこと。

② 一定の障害者区分の認定を受けた被相続人が、障害者支援施設等に入居等をしていたこと。

(注) 上記の要介護認定等を受けていたかどうかは、特定事由により被相続人居住用家屋が被相続人の居住の用に供されなくなる直前において判定します。

（工藤　晴子）

第4章

贈与にかかる税金の
ポイント

★★

29　生前贈与と名義預金

Q　私は別居している２人の子供と孫４人の名義で通帳を作り、20年前から毎月４万円ずつ預金をしています。贈与税の申告はしたことがありません。この預金が私の相続財産としてみられることがあるのでしょうか。

A　たとえ、子供・孫の名義で預金をしていても、子供・孫が本当にもらったという認識がないと贈与とはみられません。名義にかかわらず相続財産としてみられることが考えられます。税務は実質を重視しその財産が誰のものであるかを判断します。

解説

① 贈与とは

　贈与とは民法上、「当事者の一方がある財産を無償で相手方に与える意思を表示し、相手方が受諾することによって、その効力を生ずる」（民法549条）とあります。贈与者、受贈者双方で「あげる」「もらう」の認識をもつことで贈与の効力が生じるため、子供・孫の名義で預金をしていても、子供・孫が本当にもらったという認識がないと贈与とはみられません。

② 家族名義の財産の所有者の判断

　贈与とみられなかった場合は、名義にかかわらず実質的には贈与者の財産であるものとして相続時には相続税の課税対象になります。家族名義の財産で被相続人の財産であるか否かについては、

　① その財産の原資は誰が出したか

　② その財産を誰が管理運用していたか

　③ その財産から生じる利益は誰に帰属していたか

　④ 被相続人とその名義人、その財産の管理運営者との関係

⑤　その財産の名義人となった経緯等

の事情を総合的に考慮して判断するものと考えられます。

　本問のケースでは、例えば子供・孫名義の口座が贈与者の住んでいるすぐ近くの金融機関にあり、口座開設の手続きや通帳・印鑑の管理も贈与者によって行われたものであれば考えものです。また贈与者が何かあったときにその財産を使ってしまうような場合には名義がかわっているだけであり贈与者の財産であるとみられます。このケースでは毎月4万円ずつで贈与税の基礎控除額110万円の範囲内ですが、たとえ110万円を超え贈与税の申告を行っているような場合でも、実質的な所有者は贈与者であったとみられ、相続時に相続税の課税対象になる可能性があります。

③　生前贈与と名義預金

　本問のケースで相続財産ではなく、生前に贈与されたものであると認められるには、例えば贈与契約書を作成し贈与者、受贈者双方で「あげる」「もらう」の認識をもつことや通帳、印鑑は受贈者が管理する、入出金等の取引は受贈者が行うこと等、名義等の形式面だけでなく実質面でも受贈者の財産であると認められる事実があることが重要です。また年間110万円を超える場合には贈与税の申告の有無等も考慮されると考えられます。

　なお「今後何年間にわたり毎年いくらずつ贈与します。」というような贈与契約書を結んだりすると、契約時に全額が贈与（贈与の分割払い）とみられてしまいますので注意が必要です。

（吉濱　康倫）

★

30　配偶者への2,000万円贈与

Q　　配偶者へ贈与した場合の優遇措置があり、相続対策にもなると聞きました。どのような制度か教えてください。

....

A　　婚姻期間が20年以上であれば、「贈与税の配偶者控除」の適用を受けることができます。この制度の適用により、配偶者の居住用不動産またはその購入資金を贈与した場合、2,000万円までは贈与税が課税されないというものです。暦年課税の基礎控除110万円と合わせると、その年は2,110万円まで贈与税が非課税となります。

解説

①　適用要件

次の4つの要件を満たすことが必要です（相続税法21条の6第1項）。

①　婚姻期間が20年以上の配偶者に対する贈与であること

②　国内にある居住用不動産の贈与、またはこれを購入するための資金の贈与であること（別荘は対象外）

③　贈与を受けた年の翌年3月15日までに、その居住用不動産に居住し、その後も引き続き居住する見込みであること

④　同一の配偶者からの贈与で、過去にこの贈与税の配偶者控除の適用を受けていないこと

②　相続対策としての活用

配偶者に対して相続開始前3年以内に贈与が行われた場合には、原則として、その贈与財産を相続財産に加算して相続税の計算をしますが、贈与税の配偶者控除を受けた2,000万円までの金額は、相続財産に加算されることがありません。したがって、夫側に財産が集中している夫婦の場合、夫が長年連れ添った妻へ感謝の気持ちを込めて自宅

の一部を贈与すると、夫の財産を確実に減らすことができます。この贈与税の配偶者控除を活用した贈与により、財産が相続税の基礎控除額以下となり、相続税の申告が不要となるケースもあります。

　ただし、贈与税の配偶者控除の適用により贈与税は非課税となっても、不動産の移転に伴う登録免許税や不動産取得税までは非課税となりません。また贈与をしなければ、相続時に小規模宅地等の特例を自宅に適用することにより、相続税の負担が大幅に軽減されることがあります。費用をかけて生前贈与をした方が有利であるかは、状況によって違いますので、十分に検討をしてから実行しましょう。

③　贈与を受けた居住用不動産を短期間で譲渡した場合

　他へ譲渡することを予定して居住用不動産を贈与することは、適用要件①③にある、「引き続き居住する見込みであること」に該当しません。このような場合には、贈与税の配偶者控除の適用が認められないことになりますので注意が必要です。

④　その他

　贈与税の配偶者控除の適用を受けることによって、贈与税が課税されない場合であっても、この適用を受けるためには贈与税の申告が必要となります（相続税法21条の6第2項）。

（厚地　満里）

31　海外居住者への生前贈与の注意点

Q　海外に居住している子供に財産を贈与したいと考えています。この子供に対して、日本で贈与税が課税されるのでしょうか。

A　海外に居住している子供に贈与した場合、日本で贈与税が課税されるかについては、贈与者や受贈者の国籍や住所によって判定されます。なお、贈与財産が有価証券等である場合には、贈与者に対して所得税が課税されることがあります。

解説

　受贈者は下記表の区分に従い、取得した財産の全てまたは取得した国内財産につき、贈与税が課税されます（相続税法1条の4第1項、第3項、2条の2）。

贈与税の納税義務者と課税財産の範囲

贈与者 ＼ 受贈者	国内に住所あり		国内に住所なし		
			日本国籍あり		
	右記以外の者	一時居住者（在留資格があり15年以内で国内住所が10年以下）	10年以内に国内に住所あり	10年以内に国内に住所なし	日本国籍なし
国内に住所あり					
外国人（※1）		国内財産のみ		国内財産のみ	国内財産のみ
国内に住所なし　10年以内に国内に住所あり	国内財産・国外財産すべて				
外国人（※2）		国内財産のみ		国内財産のみ	国内財産のみ
国内に住所なし　10年以内に国内に住所なし		国内財産のみ		国内財産のみ	国内財産のみ

（出典：国税庁「タックスアンサー No.4432の表を基に作成）
※1　贈与の時において在留資格を有する人で、日本国内に住所を有していた人をいいます。
※2　贈与の時において日本国内に住所を有していなかった贈与者であって、その贈与前10年以内のいずれかの時において日本国内に住所を有していたことがある人のうち、いずれの時においても日本国籍を有していなかった人をいいます。

　贈与があった場合、通常受贈者に対してのみ納税義務が生じますが、贈与財産が含み益のある有価証券等である場合には注意が必要です。居住者である贈与者で一定のものが有する有価証券等の全部または一部を非居住者である受贈者に贈与した場合には、その贈与の時に、贈与者がその贈与した財産を贈与した時の価額で譲渡したものとみなされ、贈与財産の含み益に対して、贈与者に所得税が課税されることになります（これを「国外転出（贈与）時課税」といいます）。

　この制度は、有価証券等をキャピタルゲイン非課税国で売却して、租税回避を図ろうとすることを防ぐために設けられました。

　なお、対象となる居住者である贈与者とは次の要件に該当するものをいいます（所得税法60条の3第5項）。

① 贈与の時に有している有価証券等の価額の合計額が1億円以上であること
② 贈与の日前10年以内において、国内に住所または居所を有していた期間の合計が5年超であること

　　　　　　　　　　　　　　　　　　　　　　　　（厚地　満里）

32　暦年課税の贈与税の令和6年以降の取扱い

Q　暦年課税の贈与税の令和6年以降の取扱いについて教えてください。

....

A　令和5年度税制改正により、令和6年1月1日以後、暦年課税により贈与を受けた財産を相続財産に加算する期間が、原則として相続開始前7年間（改正前は3年間）に延長され、延長した4年間に受けた贈与のうち総額100万円までは相続財産に加算しないこととされました。

解説

1　暦年課税の贈与税の計算方法

　暦年課税の贈与税の計算は、その年の1月1日から12月31日までの間に贈与により取得した財産の価額を合計し、その合計額から基礎控除額110万円を控除します。その控除後の金額に超過累進税率をかけて税額を計算します（相続税法21条、21条の2、21条の7、租税特別措置法70条の2の4等）。

2　令和6年以降の暦年贈与課税の取扱い

　(1)　相続開始前に被相続人から相続人等が贈与を受けた財産の相続税計算への加算

　被相続人から相続または遺贈（以下「相続等」）により財産を取得した人（被相続人の死亡による死亡保険金の取得等、相続等により財産を取得したものとみなされる人も含む。）が、その被相続人から相続開始前7年以内に贈与を受けた財産がある場合には、原則、その贈与により取得した財産（加算対象贈与財産）の価額（贈与時の価額）が、被相続人に係る相続税の課税価格の計算上加算され、加算された人の相続税の計算上、加算された贈与財産の価額に対応する贈与税額が控

除されます（相続税法19条第1項）。これは、令和5年度税制改正により、改正前の3年から7年に延長されたものです。

⑵　加算期間の延長の経過措置

⑴の加算期間の延長には経過措置があり、令和9年1月以後に開始した相続より、改正前の3年から順次延長されます。令和9年1月1日から12年12月31日までに開始した相続については、令和6年1月から相続開始日までに受けた贈与財産の額が加算対象とされ、令和13年1月1日後に開始した相続から加算期間が7年となります（令和5年改正法附則19条第1項～第3項、相続税法基本通達19-2）。

　例えば令和8年7月1日に相続が開始した場合、令和5年7月1日以降に受けた贈与が加算対象となります。令和10年1月1日に相続が開始した場合には、令和6年1月1日以降に受けた贈与が加算対象となります。令和13年7月1日に相続が開始した場合には、令和6年7月1日以降に受けた贈与が加算対象となります。

⑶　加算対象贈与財産の100万円控除

　過去に受けた贈与の記録・管理に係る事務負担を軽減する観点から、加算対象贈与財産のうちその相続開始前3年以内に贈与により取得した財産以外の財産については、その財産の合計額から100万円が控除されます（相続税法19条第1項かっこ書）。例えば令和13年1月1日に相続が開始した場合、令和6年1月1日から9年12月31日までの間に贈与を受けた財産の合計額から100万円が控除されます。

⑷　被相続人から相続等により財産を取得しなかった人が被相続人から生前に財産の贈与を受けた場合

　上記⑴の相続税計算への加算の対象になるのは、上記⑴の下線部の通り、被相続人から相続等により財産を取得した人が、その被相続人

から相続開始前7年以内に贈与を受けた財産がある場合です。被相続人から相続等により財産を取得しなかった人が被相続人から生前に贈与を受けた財産の価額は、加算期間の延長の対象にはなりません。このため、相続財産を取得しない孫に対する、相続税の税率より有利な税率での暦年課税の贈与は、有効な相続税軽減対策となります。

(山崎　信義)

33 相続時精算課税制度の概要と令和6年以降の取扱い

Q 贈与税の相続時精算課税の概要と令和6年以降の取扱いについて教えてください。

A 令和6年1月1日以降の贈与に係る相続時精算課税については、暦年課税の基礎控除とは別途、110万円の基礎控除が設けられ、相続時精算課税で贈与を受けた土地・建物が災害により一定以上の被害を受けた場合に相続時にその課税価格を再計算されます。

解説

① 相続時精算課税の概要

相続時精算課税は、原則、60歳以上の父母または祖父母（以下「特定贈与者」）から18歳以上の子または孫（以下「相続時精算課税適用者」）が財産の贈与を受けた場合に、一定の届出により適用を受けることができます。具体的には、特定贈与者ごとに、その年の1月1日から12月31日までの1年間に相続時精算課税適用者が贈与を受けた財産の価額の合計額（課税価格）から相続時精算課税に係る基礎控除額110万円と特別控除額2,500万円（前年以前において、既にこの特別控除額を控除している場合は、残額が限度）を控除した残額に対して20％の税率により贈与税がかかります（相続税法21条の9、11の2、12、13等）。

特定贈与者が死亡した場合は、その相続税の計算上、相続財産の価額に相続時精算課税を適用した贈与財産の価額（贈与時の価額）を加算し、加算された人の相続税の計算上、加算された贈与財産の価額に対応する贈与税の額を控除します（相続税法21条の14 ～ 16）。

② 令和6年以降の相続時精算課税のポイント

(1) 基礎控除制度

相続時精算課税適用者が特定贈与者から贈与により財産を取得した

場合、その財産に係るその年分の贈与税については、暦年課税の基礎控除とは別に課税価格から最大110万円の基礎控除が控除されます（相続税法21条の11の2第1項、租税特別措置法70条の3の2第1項）。例えば、令和6年に相続時精算課税適用者Aが特定贈与者の父から現金200万円の贈与を受けた場合、その年分の贈与税の計算は、200万円－110万円（基礎控除）－90万円（特別控除）=0円となります。その後、令和7年にその父からAが現金2,600万円の贈与を受けた場合、その年分の贈与税の計算は、{2,600万円－110万円（基礎控除）－（2,500万円–90万円）（特別控除)}×20%=16万円となります。

なお、相続時精算課税適用者が同一年中に2人以上の特定贈与者から贈与を受けているときは、特定贈与者ごとに、それぞれ贈与を受けた財産の価額に応じて基礎控除の110万円を按分計算します（相続税法21条の11の2第2項、同施行令5条の2、租税特別措置法70条の3の2第2項、同施行令40条の5の2）。例えば、令和6年に相続時精算課税適用者Bが特定贈与者の父から400万円、特定贈与者の母から100万円の贈与を受けた場合、父から受けた贈与に係る基礎控除は110万円×400万円÷（400万円＋100万円）=88万円、母から受けた贈与に係る基礎控除は110万円×100万円÷（400万円＋100万円）=22万円となります。

(2) 特定贈与者が死亡した場合の相続税の取扱い

特定贈与者が死亡した場合は、その相続税の計算上、相続財産の価額に、【相続時精算課税適用者が死亡した特定贈与者から取得した贈与財産の価額－(1)の基礎控除】が加算されます（相続税法21条の15第1項）。例えば、相続時精算課税適用者Cが特定贈与者の父から令和6年に現金200万円、令和7年に現金2,600万円の贈与を受けた後、父が令和8年に死亡した場合、（200万円－110万円）＋（2,600万円

－110万円）＝2,580万円が父に係る相続税の計算に加算されます。

⑶　適用時期

　⑴と⑵の規定は、<u>令和6年1月1日以後に贈与</u>により取得する財産に係る相続税または贈与税について適用されています（令和5年改正法附則19条第1項）。

⑷　贈与により取得した土地または建物が災害により被害を受けた場合の特例

　相続時精算課税適用者が特定贈与者から贈与により取得した土地や建物が、その取得後に災害により被害を受けたことにより、特定贈与者の死亡時の価額が贈与時点の価額よりも下落した場合であっても、特定贈与者に係る相続税の計算上は贈与時の価額を加算するのが原則です。ただし、その贈与により取得した土地や建物につき災害により一定以上の被害を受けた場合は、相続税の計算上、特例的に加算する贈与財産の価額の減額が認められています。具体的には、相続時精算課税適用者が特定贈与者から贈与により一定の土地または建物を取得した場合において、その贈与の日から特定贈与者の死亡に係る相続税申告書の提出期限までの間に、災害によりその土地または建物が一定の被害を受けたときは、その災害が発生した日から3年を経過する日までに、所轄税務署長に一定の申請書を提出して承認を受けることにより、その特定贈与者に係る相続税の計算上、【その土地または建物の贈与時の価額－その災害により被害を受けた部分に相当する額】を加算することになります（租税特別措置法70条の3の3第1項、同施行令40条の5の3第5項）。

　上記の規定は、<u>令和6年1月1日以後に生ずる災害</u>により被害を受ける場合について適用されています（令和5年改正法附則51条第5項）。

（山崎　信義）

34　相続時精算課税制度の活用のポイント

Q　相続時精算課税制度を、相続対策に活用する場合のポイントを教えてください。

A　贈与財産が贈与した時の価額で相続財産に加算されますので、収益を生む資産や、価値の上昇が見込まれる資産を贈与すると、相続対策としての効果があります。

解説

　相続時精算課税による贈与は、贈与の額が110万円の基礎控除と、2,500万円までの特別控除との合計額以下であれば贈与税が課税されず、またその合計額を超える部分については一律20％の税率で贈与税が課税されます。贈与時の税負担は軽減されますが、あくまで課税の繰延べであり、相続時には贈与時の価額から110万円の基礎控除を差引いた金額で相続財産に加算されます。したがって、現金をこの制度で贈与した場合、インフレやデフレを除けば価値の変動がなく、そのままでは収益を生むことのない資産ですので、相続財産を減らす効果はありません。

　一方、アパートやマンションのような収益物件を贈与すると、贈与時点から受贈者に賃料が入ってきます。受贈者へ生前に所得移転を行いながら、相続時に相続財産に加算されるのは贈与した財産の本体価額のみです。賃料は贈与時から受贈者が受け取ることができますので、相続税の納税資金を生前から蓄えていくことが可能になります。

　また、相続時に贈与時の価額で加算されることから、贈与時から相続時までに贈与財産の価値が上昇すれば、その価値上昇分は相続財産に影響しません。例えば、自社株式を後継者に承継させる場合、株価が下がったタイミングで相続時精算課税を利用して後継者に生前贈与し、その贈与時の価額で相続財産の価額を固定させる方法と

して使われています。逆に、贈与時から相続時までに贈与財産の価値が下落した場合には、不利になりますので注意が必要です（Q74参照）。

　相続時精算課税を利用する場合には、対象財産やタイミングを十分に検討しましょう（上記以外にも相続時精算課税を選択した場合のデメリットがあります（Q73 ～ Q75参照））。

　相続税の節税効果は見込めませんが、将来の相続における遺産分割で揉めることがないように、家を継ぐ子供に自宅を贈与しておくような時にも、相続時精算課税制度は利用できます。この場合、自宅は贈与時の課税を繰り延べただけで、相続財産に加算されますが、既に贈与された財産であるため、相続時の遺産分割協議の対象から除外されます。生前に贈与をしておくことで、遺言と同じような効果を得ることができます。

（厚地　満里）

35 相続時精算課税により生前贈与を行う場合の留意点

Q 基礎控除制度の創設により、令和6年以降、相続時精算課税の選択を検討する人が増えると予想されますが、その場合の留意点について教えてください。

A 相続時精算課税の選択をした受贈者（相続時精算課税適用者）は、基礎控除以下の価額の財産の贈与について贈与税と相続税がかかりません。一方、基礎控除を超える価額の財産の贈与を受ける場合には、贈与税の申告や納税が必要なケースが生じ、相続時精算課税にかかる贈与者（特定贈与者）の死亡時にはその受贈財産に対して贈与時の価額により相続税が課税されます。

解説

① 相続時精算課税の基礎控除のポイント

相続時精算課税の場合、基礎控除以下の価額の財産の贈与は贈与税と相続税がかかりません。これに対し、暦年課税の場合は、被相続人から生前に暦年課税に係る贈与によって取得した財産のうち相続開始前7年以内（原則）に贈与されたものは、基礎控除額110万円以下の贈与財産も含めて、贈与税の課税の有無にかかわらず全て加算されます。したがって毎年110万円以下の贈与を継続して行う場合は、暦年課税よりも相続時精算課税の選択が有利になります。

ただし、暦年課税の基礎控除とは異なり、相続時精算課税の基礎控除の適用を受けるためには、贈与を受けた年の翌年の2月1日から3月15日の間に一定の書類を添付した贈与税の申告書を提出する必要があります。

２　令和５年以前に相続時精算課税の選択をしている人が令和６年以後に贈与を受けた場合

　令和５年以前に相続時精算課税の選択をした相続時精算課税適用者が令和６年以後に贈与を受けた場合についても、基礎控除は適用されます。というのは、令和５年度税制改正の経過措置を定めた令和５年改正附則19条第４項は、「（基礎控除を定める）新相続税法第21条の11の２の規定は、令和６年１月１日以後に贈与により取得する財産に係る贈与税について適用する。」としており、令和６年以後に相続時精算課税の選択届出をしている場合のみに限定していないからです。

３　相続時精算課税による生前贈与を行う場合の注意点

　基礎控除制度の創設により、令和６年以降、相続時精算課税の選択を検討する人が増えると予想されます。ただし、相続時精算課税を選択した場合には、次の点について注意が必要です。

①　相続時精算課税適用者が特定贈与者から基礎控除以下の価額の財産の贈与を受ける場合は、贈与税や相続税は課税されませんが、基礎控除を超える価額の財産の贈与を受ける場合には、贈与税の申告や納税が必要なケースが生じ、特定贈与者の死亡時にはその受贈財産に対して相続税が課税されます。

②　相続時精算課税はいったん選択すると撤回することができません。将来の税制改正により、相続時精算課税が当初よりも不利な制度に変更された場合であっても、暦年課税に戻ることができません。

③　贈与者が死亡した場合の相続税計算では、贈与財産が原則として贈与時の価額で加算され、相続時の価額が贈与時よりも下落したときには相続税計算上不利となります。

（山崎　信義）

36 住宅取得資金の非課税制度・相続時精算課税制度の特例

Q 　住宅を取得するための資金の贈与については特例があるそうですが、どのような制度でしょうか。

A 　18歳以上の個人が、親または祖父母から自宅を取得するための資金の贈与を受けた場合に非課税となる制度で、相続時精算課税制度と併用することができます。

解説

① 制度の内容

　令和8年12月31日までの間に、その年の1月1日において18歳以上で、所得税の合計所得金額が2,000万円以下（新築等した住宅の床面積が40㎡以上50㎡未満の場合には1,000万円以下）の者が、直系尊属（親または祖父母等）から住宅を取得するための資金の贈与を受け、贈与を受けた年の翌年3月15日までに取得した住宅に居住した場合、その住宅を取得するための資金の贈与のうち非課税限度額までの金額については、贈与税が非課税になります（租税特別措置法70条の2第1項）。

　非課税限度額は、贈与を受けて取得した住宅の種類に応じて、次の金額となります。

省エネ等住宅 (注)	左記住宅以外の住宅
1,000万円	500万円

（注）省エネ等住宅とは、次頁の要件を満たしている住宅をいいます（租税特別措置法施行令40条の4の2第8項、第9項）。

住宅等の種類	要　件
①新築住宅	次のイ〜ハいずれかに該当すること イ．断熱等性能等級5以上かつ一次エネルギー消費量等級6以上＊ 　＊令和5年12月31日までに建築確認を受けた住宅または令和6年6月30日までに建築された住宅は、断熱等性能等級4以上または一次エネルギー消費量等級4以上 ロ．耐震等級2以上または免震建築物 ハ．高齢者等配慮対策等級3以上
②既存（中古）住宅・増改築	次のイ〜ハいずれかに該当すること イ．断熱等性能等級4以上または一次エネルギー消費量等級4以上 ロ．耐震等級2以上または免震建築物 ハ．高齢者等配慮対策等級3以上

② その他

　この特例の適用を受けるためには、贈与税の申告が必要です。暦年贈与・相続時精算課税のいずれとも併用して適用を受けることができます。

　暦年贈与と組み合わせた場合には、非課税限度額に基礎控除110万円を加算した金額までは贈与税が課税されません。

　相続時精算課税と組み合わせた場合には、非課税限度額に基礎控除110万円と特別控除2,500万円とを加算した金額までは贈与税は課税されません。

　相続時精算課税では、贈与者の年齢が60歳以上との要件がありますが、相続時精算課税で住宅取得資金の贈与を行った場合には、贈与者の年齢を問いません（租税特別措置法70条の3第1項）。

　また、住宅取得資金の非課税制度の適用を受けた金額については、暦年課税および相続時精算課税のいずれを選択したとしても、相続時に相続財産に足し戻しませんので、相続財産を確実に減らすことができます（同70条の2第3項・Q37参照）。

（厚地　満里）

37 住宅取得等資金の贈与のあった年に贈与者が死亡した場合の課税関係

 Q Aさん（35歳）は、自宅の建築資金として令和6年2月に父（70歳）より現金500万円の贈与を受けました。この500万円は、ハウスメーカーとの間で同年3月に自宅の建築請負契約を締結した際に、手付金に充当しました。自宅建物は同年3月末に完成し、Aさんは同月より居住しています。Aさんは、この500万円について、住宅取得等資金の非課税の適用を受けるつもりでした。ところが、上記500万円を手付金として支払った後の同年10月に、父が急死しました。父の財産を相続したAさんは、父に係る相続税を納めることになる見込みです。Aさんは過去、父からこの500万円以外に財産の贈与を受けておらず、令和6年中は父以外の人からも、財産の贈与を受ける予定はありません。

上記の場合において、Aさんが住宅取得資金として贈与を受けた金額の税務上の取扱いを教えてください。

A Aさんが父から受けた贈与が住宅取得等資金の非課税制度の要件を満たす場合、Aさんが取得した500万円に贈与税・相続税は課税されません（Q33「相続時精算課税制度の概要と令和6年以降の取扱い」参照）。

解説

① 相続開始の年に被相続人から相続人への贈与があった場合の相続税法上の原則的な取扱い

(1) 相続税の取扱い

相続または遺贈（以下「相続等」）により財産を取得した個人が、その相続等の開始前7年以内[注]に、その相続に係る被相続人から贈与により財産を取得したことがある場合は、その者については、その

贈与により取得した財産の価額（贈与税の課税価格計算の基礎に算入されるものに限ります。）が相続税の課税価格に加算されます。なお、その加算された贈与財産の価額に対応する贈与税の価額は、加算された個人の相続税の計算上控除されることになります（相続税法19条第1項）。

(注) 相続開始が令和6年の場合は、経過措置により「3年以内」となります（令和5年改正法附則19条第2項・以下(2)において同じ）。

(2)　贈与税の取扱い

(1)に対応する措置として、相続等により財産を取得した者が、相続開始の年において、その相続等に係る被相続人等から受けた贈与により取得した財産の価額で、前述の規定により相続税の課税価格に加算されるものは、贈与税の課税価格には算入されません（相続税法21条の2第4項）。

(1)と(2)により、被相続人から相続により財産を取得した個人が、その相続開始の年に被相続人から贈与により取得した財産があった場合、その贈与により取得した財産には相続税が課税され、贈与税は課税されないことになります。

② 相続等により財産を取得した個人が、相続等の開始前7年以内に住宅取得等資金の贈与を受けた場合の住宅取得等資金に係る相続税の取扱い

その年の1月1日に18歳以上である等の一定の要件を満たす個人が、父母等の直系尊属から贈与により取得した自己の居住用の家屋の新築、取得または一定の増改築等の対価に充てるための金銭（「住宅取得等資金」）を取得し、贈与を受けた年の翌年3月15日までに住宅取得等資金の全額を自己の居住の用に供する一定の家屋の取得等の対価に充て、同日までに自己の居住用に供した等の場合は、贈与税の申

告を要件に、住宅取得等資金のうち一定の上限額までは、贈与税が非課税とされます（租税特別措置法70条の2第1項等・Q36参照）。

　相続等により財産を取得した個人が、その相続等の開始前7年以内（ただし相続開始が令和6年の場合、経過措置で3年以内）に、その相続等に係る被相続人等から住宅取得等資金の贈与を受け、かつ特定受贈者に該当する場合で、前述の非課税の適用を受けて贈与税の課税価格に算入されなかった金額（Ａさんが贈与税の確定申告をして前述の非課税の適用を受けた場合は、その500万円がこれに当たります。）は、前述の原則的な取扱いによらず、被相続人（贈与者）に係る相続税の計算上、課税価格に加算されないこと、つまり非課税となります（同条第3項および租税特別措置法施行令40条の4の2第13項による相続税法19条第1項の読替え）。

３　結　論

　父から贈与を受けた現金500万円につきＡさんが前述の贈与税の住宅取得資金等の非課税の適用を受けた場合、その500万円はＡさんの贈与税の課税価格に算入されず、父に係る相続税の計算上、課税対象にもなりません。

（山崎　信義）

第5章

相続対策に関連する民法・信託法のポイント

38　遺言による相続対策

Q　相続対策の基本は遺言書と聞きますが、その作り方、メリットがよくわかりません。教えてください。

A　遺言書は財産を残して亡くなられる方の最良の意思表示の方法です。遺言を残す、特にその遺言を文書で残すことは相続対策の中で最も重要な「遺産分割争い防止策」の中心柱となります。

解説

① 遺言書の方式

遺言書には一般に次の3種類があります。

(1)　自筆証書遺言

自ら記載し、保管するもので、手軽に作成でき、秘密が守られ、費用も不要です。しかし、紛失、隠蔽、偽造のおそれがあります。

民法改正により相続に関する規定が見直され、平成31年1月13日以後に作成する自筆証書遺言に添付する財産目録については、民法968条第2項により、自署ではなくパソコン等で作成した目録、銀行通帳のコピーや不動産の登記事項証明書等を目録として添付して、遺言を作成することができるようになりました（財産目録の各ページに自署・押印必要。）。

また、令和2年7月10日から自筆証書遺言書の保管制度がスタートされ、遺言者は、遺言者の住所地もしくは本籍地または遺言者が所有する不動産の所在地を管轄する遺言書保管所（法務大臣が指定する法務局など）に対して、自筆証書遺言の保管を申請することができるようになりました（法務局における遺言書の保管等に関する法律4条）。申請の際、遺言書保管官が外形的に判別がつく範囲で形式的な確認をすることとされています（同5条）が、遺言書の有効性を担保

するものではありません。

　遺言者の相続人等は、相続開始後、遺言書保管所に保管されている自筆証書遺言の写し（以下「遺言書情報証明書」という。）の交付申請をすることができます（同9条）。

　自筆証書遺言として有効であるためには厳格な要件を具備しなければなりません。また、相続開始後に家庭裁判所で「検認」という手続きを踏まなければなりませんが（民法1004条第1項）、遺言書保管所に保管されている自筆証書遺言については、検認手続は不要です（法務局における遺言書の保管等に関する法律11条）。

⑵　公正証書遺言

　公証人が作成するため、手間と費用がかかります。実印、印鑑証明書、戸籍謄本等の書類をそろえ、証人2人以上の立会いを必要とします。遺言者の推定相続人や相続により財産をもらう人（受遺者）など利害関係のある人は証人になれません（民法974条）。厳格な方式で作成され、公証人が遺言書原本を保管するという信頼性の高い制度です。

　遺言者が病気などで公証役場に行けない場合は、公証人が自宅や病院などに出張してくれます。

⑶　秘密証書遺言

　遺言書であることは公証人が公証してくれますが、それ以外の点については自筆証書遺言と同じです（民法970条）。家庭裁判所での検認も必要です。

　以上、3種類の遺言書について簡単に説明しましたが、遺言書を残されるならば「公正証書遺言」によることをお勧めします。

　「自筆証書遺言」は簡単に作成できますが、要件を満たしていないため無効とされることがあり、本人の自筆かどうかなど相続人間で争

いになることもあります。

「公正証書遺言」は公証役場で謄本を入手することができます。遺言書保管所に保管されている「自筆証書遺言」については、遺言書情報証明書により遺言内容を確認することができますが、「秘密証書遺言」や遺言保管所に保管されていない「自筆証書遺言」は、遺言書が見つからない限り、遺言の内容はわかりません。

遺言書が有効であれば、相続人の同意がなくても不動産や預貯金の名義変更ができ、相続した財産の管理や処分を速やかに行うことができます。

② 遺言書の内容

「家業を継いでくれる長男には多めに相続させたい」「未だに借家住いの次男には現金を残してやりたい」等々、自分の財産を誰にどれだけ残すかは本人の自由です。

ただし、「遺留分」には注意してください。兄弟姉妹以外の法定相続人は最低限度の財産を相続する権利を持っており、この権利を「遺留分」といいます（Q41参照）。遺言の内容が遺留分を侵害していても無効にはなりませんが、相続人から「遺留分」を主張されたら、遺言どおりに遺産を分割することができなくなります。

③ 遺言書を作成したほうが良いケース

自分の財産を法定相続分以外の割合により承継させたい場合は、遺言書の作成が必要です。具体的には以下のようなケースです。

(1) 親族間の事情
　① 特定の子に事業を継がせたい場合
　② 子のいない夫婦が配偶者のみに財産を渡したい場合
　③ 相続人が病弱であるなど特別の配慮が必要な場合

(2) 相続人以外に財産を渡したい場合

 ① 日頃世話になっている息子の妻

 ② 事実婚の配偶者

 ③ 養子縁組していない配偶者の連れ子

(3) その他

財産のほとんどが自宅（分割できない）

4 望ましい遺言は

遺言書に記載が無い財産は相続人全員の分割協議で取得者を決めることになります。遺産分割争いにならないよう、遺言書にはもれなく記載したほうが良いでしょう。

自筆証書遺言を保管する制度が創設されましたが、自筆証書遺言の有効性を担保する制度ではありません。

遺産分割争いを防止するためには、遺留分を侵害しない内容の遺言を信頼性の高い公正証書遺言で作成することをお勧めします。

（林　　陽子）

39 養子による相続対策の具体的手続

Q 　私には子供が2人います。そのうち1人はいわゆる民法上の特別養子になった者です。今回、孫（13歳）を特別養子ではなく普通養子として養子に迎えようと思いますが、将来相続が発生したときに相続税法上の法定相続人に含めることができますか。

A 　法定相続人に含めることができます。

解説

相続税の計算上養子は、次の区分に応じてそれぞれに掲げる数を法定相続人の数に含めることができます（相続税法15条第2項）。

①　法定相続人に実子がいるとき………養子のうち1人まで

②　法定相続人に実子がいないとき……養子のうち2人まで

本件の場合には、今回普通養子として迎えるお孫さんは、養子として相続人に含めることができます。

ただし、養子とすることが相続税の負担を不当に減少させる結果となると認められるときは、税務署長は相続税法63条により法定相続人に含めないことができます。

養子が税務上否認されるケースはあまり考えられませんが、養子縁組時における養親の意思能力に問題があるケースや、通常あり得ない養子縁組の組合せなどが考えられます。

通常の意思能力を有している状態で、孫を養子にするケースなどはほとんど問題ありません。

なお、孫養子（代襲相続人を除く）は、相続税の2割加算の対象者です。

具体的な養子縁組みの手続きは、次のとおりです。

(1) 普通養子の場合

養子縁組届を養親または養子の本籍地または住所地の市区町村の役所に提出します。届出には成人の証人2人と、養親と養子の戸籍抄本が必要となり、費用は無料です。なお、養子が15歳未満であるときは、法定代理人の承諾が必要になります（民法797条）。

また、原則論からいいますと家庭裁判所の許可が必要ですが、これは養子との利益相反の場合を想定し、牽制するものであり、一般的には自分の孫を養子縁組するにあたって利益相反は考えにくいので、実務上は裁判所の許可は不要です。

(2) 特別養子の場合

家庭裁判所に特別養子縁組成立の申立てを行う前に、養親となる方が養子となる子をあらかじめ6か月以上監護することが必要です。

家庭裁判所は、監護状況等を考慮し特別養子縁組の成立を決定します（民法817条の2）。

家庭裁判所の審判が確定した日から10日以内に、審判書と確定証明書を添付して、市区町村に養子縁組届を提出します。

（林　　陽子）

40　不動産の相続登記申請の義務化

Q　不動産の相続登記の義務化について教えてください。

. . . .

A　相続または遺贈により不動産の所有権を取得した相続人について、自己のために相続の開始があったことを知り、かつ、その不動産の所有権を取得したことを知った日から3年以内に相続登記の申請をすることが義務付けられました。

解説

1　相続登記の申請の義務化

（1）　義務化の経緯

　これまで相続登記の申請は任意とされていました。このため、その申請をしなくても相続人が不利益を被ることが少なかったことや、相続した土地の価値が乏しく、売却も難しい場合には、費用を掛けてまで登記の申請をする意欲がわきにくいことから、被相続人が所有していた不動産の相続登記が行われないことがあり、これが「所有者不明土地」^(注)の発生の原因となっていました。そこで所有者不明土地の発生を予防するため、相続登記の申請が義務化されることになりました。

(注)「所有者不明土地」とは、相続登記がされないこと等により、以下のいずれかの状態となっている土地をいいます。

　　①　不動産登記簿により所有者が直ちに判明しない土地

　　②　所有者が判明しても、その所在が不明で連絡が付かない土地

（2）　相続登記の申請義務のあらまし

①　**基本的な手続**

　相続または遺贈によって不動産を取得した相続人は、その所有権を取得したことを知った日から3年以内に相続登記の申請をしなければ

なりません（不動産登記法76条の2第1項）。

②　遺産分割が成立した時の追加的な手続

①の規定により、法定相続分および代襲相続分に応じて登記がされた後、遺産分割の話し合いがまとまったことによりその相殺分を超えた所有権を取得した相続人がいる場合には、その所有権を取得した相続人は、遺産分割の日から3年以内に、その内容を踏まえた所有権移転の登記を申請しなければなりません（同条第2項）。

③　罰　則

上記①と②は、ともに正当な理由がないのにもかかわらず義務に違反した場合には、10万円以下の過料の適用対象となります（同法164条）。

④　適用の時期

前述①～③の規定は、令和6年4月1日よりスタートしています。なお、令和6年4月1日前にすでに相続により不動産を取得した人についても、令和6年4月1日時点で相続登記が未了の場合は、これら制度の対象となり令和9年3月31日（不動産を相続で取得したことを知った日が令和6年4月1日以降の場合は、その日から3年以内）までに、①または②の手続を行う必要がありますので、注意が必要です。

②　相続人申告登記制度の創設

(1)　創設の趣旨

不動産を所有していた人が亡くなった場合、その相続人の間で遺産分割の話し合いがまとまるまでは、全ての相続人が法定相続分の割合で不動産を共有した状態になります。この共有状態を反映した相続登記を申請しようとする場合、法定相続人の範囲や法定相続分の割合を確定しなければならないため、全ての相続人を把握するための資料（戸籍謄本など）の収集が必要となります。そこで、簡単に上記①(1)の相

続登記の申請義務を履行することができるようにする制度が創設されました。

(2)　相続人申告登記制度のあらまし

　相続人は、①登記簿上の所有者について相続が開始したことと、②自らがその相続人であることを登記官に申し出ることで、上記**2**(1)の相続登記の申請義務を履行することができます（不動産登記法76条の3）。この申出がされると、申出をした相続人の氏名・住所等が登記されますが、持分の割合までは登記されないので、全ての相続人を把握するための資料は必要ありません（自分が相続人であることが分かる戸籍謄本等を提出するだけでよい）。

3　所有不動産記録証明制度（令和8年2月2日施行）

　相続登記が必要な不動産を容易に把握することができるよう、登記官において、特定の被相続人が登記簿上の所有者として記録されている不動産を一覧的にリスト化し、証明する制度が新たに設けられました（不動産登記法119条の2）。

（山崎　信義）

★★

41　遺留分の考え方

 遺留分の考え方について教えてください。

 遺留分とは、被相続人の兄弟姉妹以外の法定相続人に保障された、遺産について最低限留保されなければならない割合のことをいいます。遺留分を侵害された相続人は、受遺者または受贈者に対し、遺留分侵害額に相当する金銭の支払いを請求することができます。

解説

① 遺留分制度の趣旨

　被相続人の財産は、基本的には、被相続人の意思で自由に処分することができます。しかし、例えば、被相続人が相続人以外の第三者、または一部の相続人に対して全財産を贈与または遺贈したような場合には、他の相続人は全く財産を取得できないということも考えられます。

　このような場合、その者が被相続人に扶養されていたような相続人であるときは、その相続人の生活に支障をきたすことになります。

　そこで、民法では、相続財産のうち一定割合については遺留分として、一定の相続人に権利を留保することとしています。

② 遺留分権利者と遺留分の割合

　遺留分が認められる人（遺留分権利者）は、兄弟姉妹以外の相続人です。兄弟姉妹は、たとえ相続人になったとしても遺留分がありません。父母や祖父母といった直系尊属のみが相続人であるときは、被相続人の財産の3分の1が遺留分権利者（相続人である直系尊属）全体の遺留分となります。その他の場合の遺留分は2分の1です（民法

1042条第1項)。

　遺留分権利者が複数いる場合には、上記の割合に、それぞれの法定相続分を乗じた割合が、各相続人の遺留分の割合になります（民法1042条第2項)。

　例えば相続人が配偶者と子2人の場合、配偶者の遺留分は4分の1（＝1/2×1/2)、子1人当たりの遺留分は8分の1（＝1/2×1/2×1/2)です。

③　遺留分の算定基礎財産

1　計算方法

　次の算式により計算した金額が、遺留分の算定基礎財産の価額です（民法1043条)。

> 相続開始時の被相続人の財産の価額＋被相続人が生前に贈与した
> 一定の財産の価額－債務の全額

　上記算式中、「相続開始時の被相続人の財産の価額」および「被相続人が生前に贈与した一定の財産の価額」は、いずれも**相続開始時点の価額（時価）**です。また、「被相続人が生前に贈与した一定の財産の価額」は、贈与後にその財産の滅失（売買や贈与による経済的滅失も含む）があった場合や、使用、修繕、改良等によりその価額に増減があった場合でも、相続開始時に原状のままであるものとみなして評価します（民法1044条第2項、904条)。

2　「被相続人が生前に贈与した一定の財産の価額」の範囲

　遺留分の算定基礎財産に加算される「被相続人が生前に贈与した一定の財産の価額」の加算対象となる期間は次のとおりです（民法1044条、1045条第1項)。

⑴ 被相続人と受贈者が遺留分権利者に損害を加えることを知ってした贈与

…期間制限なし

⑵ 上記⑴以外で、相続人に対する婚姻・養子縁組のためまたは生計の資本としての贈与

…相続開始前10年間

⑶ 上記⑴および⑵以外の贈与

…相続開始前1年以内

④ 遺留分侵害額の請求

1 請求の方法

遺留分権利者およびその相続人等は、遺留分を確保するために、遺留分侵害額に相当する金銭の支払を請求することができます（民法1046条）。この場合の請求の相手は遺留分を侵害する者であり、具体的には、遺言により相続分の指定を受けた相続人、遺言により被相続人の財産を取得した者、被相続人から生前に一定の贈与を受けた者等です。

遺留分侵害額の請求は、遺留分を侵害する者に対して意思表示をすれば、書面でも口頭でもかまいません（最高裁昭和41年7月14日判決）。実務上は、遺留分を侵害する者に対し、内容証明郵便により通知を行うのが一般的だと思われます。

2 請求の期間制限（時効）

遺留分侵害額請求権は、次の場合に消滅します（民法1048条）。

⑴ 遺留分権利者が、相続開始および遺留分を侵害する贈与または遺贈があったことを知った時から1年間行使しないとき

⑵ 相続開始から10年間経過したとき

3 受遺者または受贈者の負担額

受遺者または受贈者（以下「受遺者等」という。）は、遺贈または贈与の目的の価額（受遺者等が相続人である場合には、その価額からその相続人が受けるべき遺留分の額を控除した残額）を限度として、遺留分侵害額を負担します（民法1047条）。

なお、同時に複数の贈与や遺贈がある場合には、目的物の価額の割合に応じて負担します（ただし、遺言に別段の定めがあれば、それに従います）。

5 遺留分の放棄

推定相続人（現状のままで相続が開始した場合に、相続権がある人）は、家庭裁判所の許可を受けることにより、被相続人の生前に遺留分を放棄することができます（民法1049条第1項）。家庭裁判所では、遺留分を放棄する理由の合理性、必要性、代償財産の有無等を考慮して許可の判断をしますが、遺留分の放棄が、被相続人の働きかけによるものであり、相続人の真意によるものと認められない場合などには、許可されないこともあります。

6 遺留分侵害額請求権の行使の効果

遺留分侵害額の請求があった場合には、その金額に相当する金銭債権が生じます（民法1046条第1項）。

遺留分権利者から金銭の支払請求を受けた受遺者等が、金銭を直ちに準備できない場合には、その受遺者等は、裁判所に対し、金銭債務の支払いにつき期限の許与を求めることができます（民法1047条第5項）。

（江﨑　隆一）

42　配偶者居住権と相続税の取扱い

Q　遺産分割や遺贈により被相続人の自宅建物に配偶者居住権（民法1028条）が設定された場合における、以下の相続税の取扱いについて教えてください。

⑴　配偶者居住権が設定された建物（以下「居住建物」）の敷地の利用権にかかる小規模宅地等の特例（租税特別措置法69条・Q13参照）の取扱い

⑵　配偶者の死亡により配偶者居住権が消滅した場合の取扱い

A　⑴　配偶者居住権が設定された建物（以下「居住建物」）の敷地の利用権（＝土地の上に存する権利）は、特定居住用宅地等として小規模宅地等の特例の適用を受けることができます。

⑵　配偶者の死亡により配偶者居住権が消滅した場合、居住建物の所有者はその居住建物について使用収益ができることになりますが、配偶者から居住建物の所有者に相続を原因として移転する財産はないので、居住建物の所有者に対し相続税は課税されません（居住建物の敷地の所有者についても同様）。

解説

①　配偶者居住権の意義

被相続人の死亡時にその被相続人の財産であった建物に居住していた配偶者は、遺産分割または遺言により、その居住していた建物（以下「居住建物」）の全部につき無償で居住したり賃貸したりする権利（＝「配偶者居住権」）を取得することができます（民法1028条第1項）。

配偶者居住権の存続期間は、配偶者が亡くなるまで（遺産分割協議または遺言で別段の定めをした場合には、その期間）です（民法1030条）。

配偶者居住権は遺産分割等により設定され、配偶者の具体的相続分を構成することから、相続により取得した財産として相続税の課税対象になります。

本問の(1)と(2)における相続税の取扱いについて解説すると、以下のとおりになります。

(1) 配偶者居住権等と小規模宅地等の特例の適用

配偶者居住権自体は建物に関する権利であることから、小規模宅地等の特例の適用を受けることはできません。

配偶者が配偶者居住権を取得した場合における、居住建物の敷地の利用権は、土地の上に存する権利に該当するので、特定居住用宅地等として小規模宅地等の特例の適用を受けることができます。

居住建物の敷地の所有権についても、その取得者が居住建物に被相続人と同居などの要件を満たすことにより、特定居住用宅地等として小規模宅地等の特例の適用を受けることができます（租税特別措置法69条の4第1項、第3項第2号・財務省「平成31（令和元）年度税制改正の解説」539頁）。

(2) 配偶者の死亡により配偶者居住権が消滅した場合

個人が対価を支払わないで、または著しく低い価額の対価で利益を受けた場合には、相続税法9条により、原則として、その利益を受けた時に、その利益を受けた時におけるその利益の価額に相当する金額（対価の支払があつた場合には、その価額を控除した金額）を、その利益を受けさせた者から贈与により取得したものとみなされます。

配偶者居住権を取得した配偶者が死亡した場合には、民法の規定により配偶者居住権が消滅します（民法1030条）。この場合、居住建物の所有者はその居住建物について使用収益することが可能となった

ことを利益と考え、上記のとおり相続税法9条により居住建物の所有者に対してみなし課税をするという考え方もあります。しかしこれは配偶者の死亡に伴い、民法の規定により予定どおり配偶者居住権が消滅するものであり、配偶者から居住建物の所有者が相続により取得する財産がないことから、相続税は課税されません（相続税法基本通達9-13の2（注））。

（山崎　信義）

★★

43　相続税における配偶者居住権等の評価

Q　遺産分割または遺贈（以下「遺産分割等」）により、被相続人の自宅建物（すべて被相続人の居住用として使用）に配偶者居住権（民法1028条）が設定された場合における、配偶者居住権等の相続税法上の評価方法について教えてください。

⋯⋯⋯⋯⋯⋯⋯⋯⋯⋯⋯⋯⋯⋯⋯⋯⋯⋯⋯⋯⋯⋯⋯⋯⋯⋯⋯⋯⋯⋯⋯⋯⋯⋯⋯⋯

A　相続税法上、配偶者居住権が設定された場合の配偶者居住権にかかる建物とその敷地の評価については、次のとおりに行われます（相続税法23条の2）。

[1]　配偶者居住権にかかる建物については、配偶者居住権が設定されていないものとした場合の建物の相続時の評価額（A）から、一定の方法で計算した《配偶者居住権が消滅する時点のその建物の価額の相続時の現在価値》（B）を控除した残額を配偶者居住権の評価額（C）とし、B（＝A－C）を配偶者居住権が設定された建物（以下「居住建物」）の所有権の評価額とします。

[2]　居住建物の敷地については、配偶者居住権が設定されていないものとした場合のその土地の相続時の評価額（D）から、一定の方法により計算した《配偶者居住権が消滅する時点のその土地の評価額の相続時の現在価値》（E）を控除した残額を《配偶者居住権の敷地の利用権の評価額》（F）とし、E（＝D－F）を居住建物の敷地の所有権の評価額とします。

　上記［1］と［2］の評価方法の詳細については、以下の解説で説明します。

解説

①　配偶者居住権および居住建物の所有権の評価

　遺産分割等により被相続人の配偶者が配偶者居住権を取得した場合における、配偶者居住権および居住建物の所有権等の相続税法上の評

価は、次のとおりです（相続税法23条の2第1項、第2項、同法施行令5条の7第1項、第2項、同法施行規則12条の2、12条の3）。

---

(1) 配偶者居住権の評価額（C）
   ＝建物の時価A[※1]－B[※2]^(注)
   （注）B＝建物の時価×イ÷ロ×存続年数に応じた民法の法定利率
          による複利現価率
      イ＝居住建物の耐用年数に準ずる年数[※3]－建築後経過年数－配
          偶者居住権の存続年数[※4]
      ロ＝居住建物の耐用年数に準ずる年数－建築後経過年数
(2) 配偶者居住権が設定された建物（居住建物）の所有権の評価額
   ＝B（＝A－C）

（※1）「建物の時価」は、配偶者居住権が設定されていない場合の建物の相続税法上の時価（＝固定資産税評価額）をいい、相続開始の直前に被相続人がその建物を配偶者と共有していた場合は、その被相続人の持分の割合に応ずる部分の価額をいいます。

（※2）Bは、配偶者居住権の消滅時点における、居住建物のいわば定額法による未償却残高に相当する金額を、その消滅時点の建物の時価とみなし、その価額を相続時点の価額に割り引いた額となります。

（※3）「耐用年数に準ずる年数」は、配偶者居住権の目的となっている建物の全部が住宅用であるものとした場合の、その建物にかかる耐用年数を1.5倍して計算した年数（6か月以上は1年とし、6か月未満は切捨て）をいいます。

（※4）「存続年数」は、① 配偶者居住権の存続期間が配偶者の終身の間である場合は配偶者の平均余命（厚生労働省作成の完全生命表に掲げる年齢および性別に応じた平均余命）年数、② ①以外の場合は遺産分割協議等により定められた配偶者居住権の存続期間の年数（配偶者の平均余命年数を上限）をいいます。

相続等により被相続人の配偶者が配偶者居住権を取得した場合における、居住建物の敷地の利用権および居住建物の敷地の相続税法上の評価は次のとおりです（相続税法23条の2第3項、第4項、同法施行令5条の7第4項）。

---

(1)　居住建物の敷地の利用権の評価額（F）
　　＝土地等の時価（D）[※1]－E（注）
　　（注）E＝土地等の時価×存続年数に応じた民法の法定利率による複利現価率
(2)　居住建物の敷地の評価額
　　＝E[※2]（＝D－F）

（※1）「土地等の時価」とは、土地等の相続税法上の時価（路線価等を基に計算した評価額）をいい、被相続人が相続開始の直前において、①その土地等を他の者と共有または②その建物をその配偶者と共有していた場合には、その被相続人の持分の割合に応ずる部分の価額をいいます。

（※2）Eは、配偶者居住権の消滅時に、その敷地の所有者が相続開始時点の時価相当額の敷地を得る（相続開始時から配偶者居住権の消滅時までの土地の価額変動は考慮しない。）と考えて、その土地等の相続開始時点の時価相当額に1と同じ複利現価率を乗じ、その価額を相続時点の価額に割り引いた額となります。

（山崎　信義）

★★
44　家族信託の概要と活用する際の税務上の留意点

Q　家族信託の概要と活用する際の税務上の留意点について教えてください。

A　平成19年の信託法の改正により、家族間での信託（いわゆる「家族信託」）が設定しやすくなり、例えば、財産をお持ちの方の認知症対策等への活用が可能となりました。

　信託財産の民法上の所有者は受託者ですが、税務上は受益者が所有者であるものとみなされます。したがって、信託の効力発生時に、委託者と受益者が異なる場合において、信託設定に際して適正対価の授受がないときは、税務上、委託者から受益者に対する贈与または遺贈があったものとみなされ、課税関係が生じるという点に注意が必要です。

解説

① 信託とは

　「信託」とは、財産をお持ちの方（委託者）が一定の目的のために、信託契約等（信託行為）によって、信頼できる人（受託者）に対して財産を移転し、その受託者はその信託行為に従って、その移転を受けた財産（信託財産）の管理・処分等をする法律関係をいいます。そして、その信託財産にかかる給付を受ける権利は、受益権をもつ受益者にあります。

　信託により、信託財産の民法上の所有者は受託者となるため、信託の効力発生後は、信託財産にかかる契約の締結等は受託者が行います。

② 信託の活用例

　例えば、委託者兼受益者をAさん、受託者を長男とし、信託財産を賃貸アパートとする信託契約を締結した場合、信託財産の民法上の所

有者は受託者である長男となり、信託財産にかかる契約は受託者である長男が行うことになります。事前に想定できる状況に対してＡさんの意思を反映できるように、財産の管理・処分方法等を盛り込んだ信託契約を締結しておくことにより、信託契約後にＡさんが認知症になったとしても、財産の管理運用は長男が行うことから、支障は生じません。

③ 税務上の所有者

　信託の設定により、民法上、信託財産の所有権（名義）は受託者に移りますが、信託財産から生じる利益は、実質的には受託者ではなく受益者が受けるため、税務上はその実質を重視し、受益者が所有者とみなされます。つまり、受益者が信託財産に属する資産・負債を所有しているものとみなして、信託財産にかかる収益・費用は受益者に帰属します。

　例えば委託者がＢさん、受益者がその孫である場合には、信託に伴って実質的な所有者がＢさんから孫に変わります。このため、税務上は、信託設定に際して適正な対価の授受がない場合、Ｂさんから孫へ贈与があったものとみなされ、孫に贈与税が課税されます。

④ 信託期間中の課税関係

　税務上、受益者を信託財産の所有者とみなして課税関係を考えます。信託期間中の課税関係の主なポイントは次のとおりです。

① 　信託財産に属する資産・負債は、受益者が有しているものとみなされます。

② 　信託財産に帰せられる収益・費用は、受益者に帰属するものとみなされます。

③ 　信託財産を利用した租税回避についての防止規定があります。

　租税回避防止規定として、受益者が個人の場合、不動産所得の計算

上、信託から生じる不動産所得にかかる損失はなかったものとみなされます（租税特別措置法41条の4の2第1項）。つまり、信託不動産の損失については、他の所得との損益通算や、翌年以降への損失繰越ができません。したがって、損失が見込まれる賃貸不動産を信託する場合には、この点を理解した上で進めることが必要です。

（江﨑　隆一）

45 相続不動産に信託契約を締結し、信託受益権として 譲渡した場合の取得費加算の特例

Q 　Cさんは、令和4年1月に兄から相続により賃貸用建物とその敷地（以下「本件不動産」）の全部を取得し、同年10月にその相続に係る相続税について申告書の提出と納税を行いました。Cさんは高齢で、自ら本件不動産の管理運用を行うことが難しいため、令和5年1月に㈱Xとの間で、本件不動産を賃貸用として㈱Xに管理運用させることを目的として、委託者兼受益者をCさん、受託者を㈱X、本件不動産を信託財産とし、建物の維持管理、家賃の管理、賃借人の募集等の不動産賃貸に係る業務を委託する信託契約（以下「本件信託」）を締結しました。その後Cさんは、令和6年4月に本件信託に係る信託受益権を㈱Yに譲渡（以下「本件譲渡」）しています。

　この場合、Cさんは、本件譲渡について租税特別措置法39条の「相続税額の取得費加算の特例」の適用が認められますか。

- -

A 　Cさんは本件信託の信託財産である本件不動産を譲渡したものとなり、その譲渡については特例の適用要件を満たすことから、本件特例の適用が認められるものと考えます。

解説

① 信託とは

　「信託」とは、財産をお持ちの方（委託者）が一定の目的のために、信託契約等（信託行為）によって、信頼できる人（受託者）に対して財産を移転し、その受託者はその信託行為に従って、その移転を受けた財産（信託財産）の管理・処分等をする法律関係をいいます。そして、その信託財産にかかる給付を受ける権利は、受益権をもつ受益者にあります。信託により、信託財産の民法上の所有者は受託者となるため、信託の効力発生後は、信託財産にかかる契約の締結等は受託者

が行います。

② 「相続税額の取得費加算の特例」（以下「本件特例」）とは

　相続または遺贈により資産を取得し、その相続等につき相続税がある個人が、その相続等により取得した資産で、その相続税額に係る課税価格の計算の基礎に算入されたものを、相続開始のあった日の翌日から相続税の申告書の提出期限（相続開始のあったことを知った日の翌日から10か月以内。以下「相続税の申告期限」という。）の翌日以後3年以内に譲渡した場合、譲渡所得の金額の計算上控除する取得費に、その者の相続税のうち一定額が加算されます（租税特別措置法39条）。

③ 本件特例の適用が認められると考える理由

　本件特例の適用対象となる譲渡とは、②のとおり相続等により資産を取得した個人で、その相続等につき相続税額のあるものが、一定の期間内にその相続税額に係る課税価格の計算の基礎に算入された資産について行った譲渡です。しかし、本件譲渡は相続により取得した資産（本件不動産）の譲渡ではなく、信託受益権の譲渡であることから、本件特例の適用があるのか疑問が生じるところです。

　この点について所得税法13条第1項では、信託の受益者（受益者としての権利を現に有するものに限る。）は、集団投資信託等の一部の信託を除いて、当該信託の信託財産に属する資産および負債を有するものとみなす旨を規定しており、所得税基本通達13−6は、同項に規定する受益者が受益権の譲渡を行った場合には、その権利の目的となっている信託財産に属する資産および負債が譲渡されたこととする旨を定めています。さらに租税特別措置法通達31・32共−1の3は、信託財産に属する資産が分離課税とされる譲渡所得の基因となる資産である場合における当該権利の譲渡による所得は、原則として分離課

税とされる譲渡所得となり、同法31条または32条の規定その他の所得税に関する法令の規定を適用する旨を定めています。

　以上により、Ｃさんは本件譲渡につき本件信託の信託財産である本件不動産を譲渡したものとなります。本件不動産はＣさんが兄から相続により取得した資産で、兄の相続に係る相続税の課税価格に算入されており、Ｃさんは兄の相続税を納付後、本件不動産を相続税の申告期限の翌日以後3年以内に譲渡していることから、その譲渡所得の金額の計算上、本件特例の適用が認められるものと考えます（参考：東京国税局「令和3年8月資産税審理研修資料」213〜215頁）。

（江﨑　隆一）

第6章

相続税申告時のポイント
(遺産分割・税額計算・納税資金対策)

★

46　相続財産を把握する方法

Q　父が突然、他界して困惑しています。父の財産について、母は全く知らされていなかったようです。財産分けや相続税の申告等いろいろ手続きがあると思いますが、父の財産を把握するにはどのようにすればよいのでしょうか。

A　お父様の突然の他界により、財産の棚卸ができない、よくわからないということは、よくあることです。しかし、お父様が意図的に財産をわからないようにしているのでなければ、以下の書類等を確認することで概ね把握することは可能です。

① 預貯金の通帳

② 領収書・納付書・請求書等

③ ハガキ・封書等

④ 所得税の確定申告書・法人税の申告書

⑤ 名刺・手帳

解説

1　預貯金の通帳から

普段使用している普通預金の通帳からは、自動引き落としとなっている生命保険や損害保険等の定期的支払の契約先、日常の生活費やクレジットによる支払い、まとまった支払いの発生状況に加え、入金項目からは、配当、給与、年金、預貯金の利子、株式の売却収入等臨時的な収入の発生内容、相手先等がわかります。

2　領収書・納付書・請求書等から

金額の大きな買い物や大事なものの支払いをした場合は、領収書等を捨てられずに保管しておくものです。通帳との突き合わせから振込み、現金引出等の確認ができます。

3 ハガキ・封書等から

　銀行・証券会社からの運用状況にかかる報告書や残高明細、株式の配当通知、生命保険・損害保険の満期通知、官公庁からの封書として固定資産税・所得税・住民税等の納付書等が送付されてきます。

　これらの書類からは、所有株式の銘柄・所有株式数、生命保険・損害保険契約の内容、土地・建物の所在や固定資産税の評価額、年間所得金額等がわかります。

4 確定申告書等から

　確定申告書等からは、収入の相手先や内容がわかり、上記の内容と突き合わせることにより正確性が高まります。

　例えば、地代・家賃収入から保有不動産の内容、配当収入から保有銘柄や株式数、貸付金利息から貸付金の額と相手先、生命保険料・地震保険料控除から保険加入状況がわかります。

5 名刺・手帳から

　名刺・手帳の住所録から普段連絡する相手先の担当者が確認できますので、事情を話して協力を仰いだり、内容の確認をすることができる場合があります。

　この要領で、お父様の財産の棚卸を行ってみてください。

（青木　喬）

47 他の相続人が被相続人から受けた贈与に係る贈与税の申告内容の開示

Q 相続税の申告に際し、他の相続人が被相続人から受けた贈与に係る贈与税の申告書の内容について、税務署に開示の請求ができると聞きました。その概要を教えてください。

A 相続税の申告書の提出または更正の請求に必要となる場合に限り、他の相続人が被相続人から受けた加算対象期間内の贈与（被相続人の相続開始日が令和8年12月31日以前の場合は、加算対象期間は相続開始前3年以内）または相続時精算課税制度適用分の贈与にかかる贈与税の課税価格の合計額について、税務署に対して開示の請求をすることができます。

解説

① 制度の概要

　相続、遺贈や相続時精算課税にかかる贈与（以下「相続等」）により財産を取得した人は、その相続等により財産を取得した他の相続人等がいる場合には、被相続人にかかる相続税の申告書の提出または更正の請求に必要となるときに限り、次の②の金額について開示の請求をすることができます（相続税法49条）。

　この開示の請求をすることができる人は、相続もしくは遺贈または相続時精算課税の適用を受ける財産を特定贈与者である被相続人からの贈与により取得した人になります。また、相続税の申告書を提出すべき人が、その提出前に死亡したことにより相続税の納付義務を承継した人や、相続時精算課税の適用を受けた受贈者が特定贈与者より先に死亡したことに伴い、その受贈者の権利義務を承継した人も開示の請求が可能です（相続税法基本通達49−1）。

② 開示の対象となる金額

　開示の対象となる金額は、次の⑴または⑵の財産の区分に応じ、それぞれの金額となります（相続税法49条第1項、同施行令27条第5項等）。なお、他の相続人等が二人以上いる場合は、全ての他の相続人等のその金額の合計額となります。

⑴　他の相続人等がその被相続人から、暦年課税の贈与税に係る加算対象期間内（被相続人の相続開始日が令和8年12月31日以前の場合は、加算対象期間は相続開始前3年以内）の贈与により取得した財産で、相続時精算課税の適用を受ける贈与財産（以下「相続時精算課税適用財産」）以外のもの

　…暦年課税にかかる贈与税の申告書に記載された贈与税の課税価格の合計額[注1]

（注1）相続開始の日が令和9年1月2日以後の場合には、加算対象期間内に取得した財産のうち相続開始前3年以内に取得した財産以外の財産については、その財産の贈与時の価額の合計額から100万円を控除した残額（相続税の課税価格に加算される金額）となります。

⑵　他の相続人等がその被相続人から贈与により取得した相続時精算課税適用財産

　…相続時精算課税にかかる贈与税の申告書に記載された贈与税の課税価格の合計額[注2][注3]

（注2）令和6年1月1日以後の贈与により取得した相続時精算課税適用財産については、相続時精算課税に係る基礎控除後の贈与税の課税価格の合計額となります。

（注3）相続時精算課税にかかる土地または建物の価額の特例の適用がある場合は、この特例の適用に係る災害によって被害を受けた部分に対応する金額を控除して計算した金額となります。

③ 手 続

　開示の請求をしようとする人は、被相続人に係る相続の開始の日の属する年の3月16日以後に、他の相続人等ごとに、その他の相続人等の氏名、住所その他一定の事項を記載した開示請求書に、その他の相続人等がその被相続人の相続人等であること等を証明する書類等を添付し、これを被相続人の住所地の所轄税務署長に提出する必要があります。

　所轄税務署長は、上記の開示の請求があった場合には、請求後2か月以内に開示する必要があります。この場合、その開示は、上記②(1)または(2)の金額ごと（各年分ごとの合計額ではありません。）に行われます（相続税法49条第1項、第3項、同法施行令27条第1項～第4項）。

④ 留意点

　この開示制度は、請求する人以外の相続人等が被相続人から受けた暦年課税の贈与税に係る加算対象期間内の贈与および相続時精算課税適用財産に係る贈与税の課税価格の合計額を確認するためのものです。したがって、その開示制度により、請求する人自身の贈与税の申告の内容について確認することはできません。請求する人が贈与税の申告書の開示により、自分が受けた贈与の時期や贈与財産の内容について確認したい場合は、申告書等閲覧サービスの利用または個人情報開示請求の手続(注)を行う必要があります。

(注) 申告書等閲覧サービスおよび個人情報開示請求の手続の詳細については、国税庁HPの下記サイトをご参照ください。

　・「申告書等閲覧サービスの実施について」
　https://www.nta.go.jp/law/jimu-unei/sonota/050301/pdf/01.pdf
　・開示請求等の手続
　https://www.nta.go.jp/anout/disclosure/tetsuzuki-kojinjoho/03.htm

〈参考〉

　東京国税局では、令和5年5月から行政指導の一環として、管轄内の相続税の申告案内の対象となった被相続人から相続時精算課税制度に係る贈与を受けた受贈者に、概ね相続税の申告期限の3か月前を目途に、その旨をお知らせする試行を独自に実施しています。

　その試行はあくまでも納税者サービスの一環として実施するものであり、例えば次の場合などは送付対象から除外されています。

　・相続税の申告案内の対象になっていない場合
　・相続時精算課税制度を適用した受贈者（相続人等）が東京国税局の管轄外に居住している場合

　例えば、相続人が複数いる場合で、東京国税局の管轄内に居住する相続人と同管轄外に居住する相続人のいずれの方も同制度を適用している場合には、いずれの人も送付対象から除かれます。「本件お知らせが届かない＝相続時精算課税適用財産がない」ということではないので、注意が必要です。

（山崎　信義）

★

48　遺産分割協議のコツは？

Q　相続人の間で、遺産を分割する上でのポイントを教えてください。

....

A　最も大事なことは、分割協議を早くまとめることです。

解説

1　最も大事なことは、分割協議を早くまとめること

　遺産分割が決まらなければ、節税も納税もできません。配偶者は法定相続分までは非課税という配偶者の税額軽減の特例や、一定の要件を満たす宅地については評価を80%減額できる小規模宅地等の特例は、いずれも大きな節税となりますが、分割協議が成立しなければ適用できず、適用前の相続税を支払わなければなりません。

　一方、相続税の納税も問題です。納税方法として、①現金で支払う、②土地などの財産を売却して支払う、③物納するなどの方法がありますが、いずれも分割協議が成立しなければ困難です。

2　分割をうまくやるコツ

　ものごとを決めるときには、まとめ役、リーダーが必要です。相続人にはそれぞれに法定相続分がありますが、現実的には、配偶者または後継者となる人がリーダーとなり、まとめていきます。相続人全員で、このリーダーを決めることが大切です。このリーダー役は苦労が多くて大変ですが、分割に関する資料や分割案をつくり、まとめ役・連絡係となります。一方で他の相続人は協力態勢をとり、情報をリーダーに集中させるようにします。

　実務的には、税理士、弁護士などの専門家が補佐役となります。資料集め、分割案づくりといっても、相続人の中のリーダーには初めて

の経験です。しかもリーダーも相続を受ける当事者です。客観的判断ができる第三者の専門家に早くから相談することです。

　実際にすすめていくと、意外と細かいところが問題になることがあります。そんなときは大きなことから合意していくようにします。例えば、母と3人の子供の相続人がいたとします。まず大事なことは、母親の今後の生活です。次に、相続税を支払うのであれば、どう支払うかです。そこで、母親の相続する財産や納税方法が決まったら、そこでまず合意します。大きな「イエス」をとりながら、小さな「ノー」や対立する案件は後回しにすることです。

　全員で話し合うのは形式的なこと、大筋を決めるときだけです。そこで本音を聞けるわけではありません。仮に本音をぶつけ合えば、ケンカになります。本音を聞くとき、話すときは個別に行うことです。個別であれば調整、交渉、説得しやすくなります。

　財産の中に現金が多い場合には、比較的簡単に決まります。いくらもめても、現金であれば、分けやすく、調整も簡単です。といっても、現実には現金が少なく、土地がほとんどというケースも多いようです。この場合は思い切って一部の土地を売却して、現金を用意するのも現実的解決方法です。

（青木　喬）

49　遺産分割協議のやり直し

Q 　父の相続について、母、私、弟の相続人全員で遺産分割協議を行い、母が全財産を取得することで合意しました。その後、不動産や金融資産の名義の書き換えを済ませ、相続税の申告書を提出しようとしたところで、突然母が亡くなってしまいました。母の相続を予期せずに父の分割協議を行いましたので、今となっては私と弟が父から直接相続したことにして、相続税の申告を一度で終わらせたいと考えています。弟もこの考えに同意しているのですが、遺産分割協議のやり直しは可能でしょうか。

A 　分割協議をやり直しをした場合には、当初の遺産分割による取得者から、やり直し後の取得者に対する財産の移転として課税されることになると考えます。

解説

　遺産分割協議が成立した後で、相続人間で再び話し合い、分割協議をやり直して、その内容を変更しようとすることが考えられます。相続人全員の同意により分割協議のやり直しを行う行為自体は、判決においても認められています。

　しかし、分割協議のやり直しにより相続開始時にさかのぼり、他の相続人の財産として帰属を変更することは、税務上はそのまま受け入れられるわけではありません。いったん遺産分割協議が有効になると、財産を取得した人は、その財産を使用したり収益を享受したりする権利を有することになるからです。

　税務では、当初の遺産分割により取得した財産を、遺産分割のやり直しにより再分割した場合には、相続により取得したものではなく、当初の遺産分割による取得者から、やり直し後の取得者に対する財産の移転として、贈与税が課税されるものと考えます。

　例えば、当初の遺産分割協議に基づいて行った不動産の相続登記について、錯誤等により抹消手続きを行い、再度相続登記を行ったとします。その抹消手続の行為が、法律上の無効や取消に基づくものでなく、分割協議のやり直しによるものである場合には、当初の相続登記による名義人から、新たな名義人への贈与として認定される可能性があるということです。

　本問の場合には、父の遺産分割協議は既に有効なものとして成立していますから、分割協議のやり直しは税務上認められないものと思われます。やり直しが認められない場合には、亡くなった母の相続財産として兄弟で遺産分割協議を行い、相続税の申告をすることになります。

（厚地　満里）

50　二次相続を見据えた遺産分割と相続税

Q　相続が発生して、相続人間で遺産分割協議を行う際、一次相続と二次相続の相続税負担を考慮して遺産分割を検討すべき場合があると聞きますが、その概要について教えてください。

....

A　一次相続の遺産分割中に配偶者に相続が発生した場合や、配偶者が高齢で固有財産が多額にあるような場合には二次相続の相続税負担を考慮して遺産分割を検討すべきと言えます。

解説

①　一次相続・二次相続を合算した相続税の試算

（前提条件）

〇被相続人甲さんの相続財産5億円、相続人は配偶者（固有財産なし）と子1人。

〈ケース1〉

甲さんから配偶者と子が各2億5,000万円相当の財産を相続する場合

①　一次相続の相続税額

7,605万円（相続税の総額1億5,210万円、配偶者の税額軽減7,605万円控除後）

②　二次相続の相続税額

6,930万円

③　一次相続・二次相続の相続税額の合計

①＋②＝1億4,535万円

〈ケース2〉

甲さんから配偶者が1億円、子が4億円相当の財産を相続する場合

④　一次相続の相続税額

1億2,168万円（相続税の総額1億5,210万円、配偶者の税額軽減3,042万円控除後）

⑤　二次相続の相続税額

　1,220万円

⑥　一次相続・二次相続の相続税額の合計

　④＋⑤＝1億3,388万円

② ①の試算結果に係る解説

　一次相続において、配偶者の税額軽減前の相続税の総額は1億5,210万円、配偶者が法定相続分（1/2）相当の財産を相続することにより、配偶者の税額軽減を上限（相続税の総額の1/2）まで適用することができ、その適用後の相続税額7,605万円（①）が最も少ない税額となります。

　したがって、一次相続においては〈ケース1〉のように相続財産の1/2相当額を配偶者が相続するように遺産分割を行うケースが一般的です。

　次に配偶者が亡くなった場合、配偶者に固有財産がなく、相続財産は甲さんから相続した2億5,000万円のみとした場合、二次相続に係る相続税額は6,930万円（②）となり、〈ケース1〉の一次相続・二次相続の相続税額の合計は1億4,535万円（③）となります。

　一方〈ケース2〉では、一次相続において、二次相続における相続税負担を考慮した遺産分割を行っています。

　具体的には、一次相続において、相続財産5億円のうち1億円（20%）を配偶者、4億円（80%）を子が相続することにしています。この遺産分割により〈ケース1〉に比べて配偶者の税額軽減額が減少することから、一次相続における相続税額は1億2,168万円（④）と、〈ケース1〉に比べて4,563万円増加します。しかし配偶者が亡くなった場合の二次相続に係る相続税額は1,220万円（⑤）と〈ケース1〉に比べて5,710万円減少します。以上により、一次相続・二次相続の相続税額の合計は1億3,388万円（⑥）となり〈ケース1〉の1億4,535

万円（③）よりも1,147万円減少することになります。

〈ケース1〉に比べて〈ケース2〉の一次相続・二次相続の相続税額の合計額が減少する理由は、相続で取得した財産の金額に応じて税率が高くなるという、相続税の税率構造にあります。

〈ケース2〉では〈ケース1〉よりも配偶者が甲さんから取得する財産額が減少し（2.5億円−1億円=1.5億円）、配偶者の税額軽減額が減少することにより、一次相続では〈ケース1〉に比べて相続税額が増加します。しかし、〈ケース2〉では〈ケース1〉に比べて配偶者の相続財産額が2億5,000万円から1億円に減少することにより、二次相続に係る相続税について適用される最高税率が30%となり、〈ケース1〉の最高税率45%に比べて低くなることから、一次相続に係る相続税額の増加以上に二次相続に係る税額が減少することになります。

〈参考〉相続税の税額表

法定相続分に応ずる取得金額（基礎控除後）	税率	控除額
1,000万円以下	10%	—
1,000万円超　3,000万円以下	15%	50万円
3,000万円超　5,000万円以下	20%	200万円
5,000万円超　1億円以下	30%	700万円
1億円超　2億円以下	40%	1,700万円
2億円超　3億円以下	45%	2,700万円
3億円超　6億円以下	50%	4,200万円
6億円超	55%	7,200万円

〈ケース2〉のような遺産分割は、一次相続の遺産分割協議中に配偶者が亡くなって二次相続が発生した場合や、配偶者が高齢でその固有財産が多額にあるような場合に検討される方法です。相続人の状況や意向によって、二次相続に係る相続税負担も考慮した遺産分割を検討すべき場合もありますので、注意が必要です。

（吉濱　康倫）

★★

51　遺産分割の方法によって土地評価を下げられるか

Q 私と弟は以下のような宅地を相続しましたが、私と弟でどのように分割しようか悩んでいます。分割の仕方によって、相続税額を少なくすることは可能でしょうか。

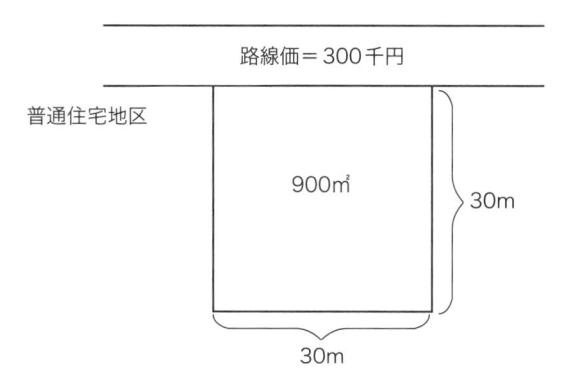

路線価＝300千円

普通住宅地区

900㎡

30m

30m

A 土地の評価は分割後の土地を評価単位として評価しますので、分割の仕方次第では相続税額を少なくすることも可能です。

解説

　相続税の宅地の価額は利用の単位となっている土地ごとに評価することとされています。また、相続、遺贈、贈与によって取得した土地は原則として取得者別に評価することになっています。ですから上記土地を、分割して兄、弟で相続する場合は分割後の各土地を評価単位として評価します。

　しかし上記土地を分割せず、共有にしたならば上記土地全体を評価単位として評価することになります。

1　共有にした場合の評価額

　兄、弟で50％ずつ共有にした場合。

　土地の評価額＝路線価300千円×奥行価格補正率0.95×900㎡

＝256,500千円

（兄の評価額＝256,500千円÷2＝128,250千円）

（弟の評価額＝128,250千円）

② 以下のように分割した場合の評価額

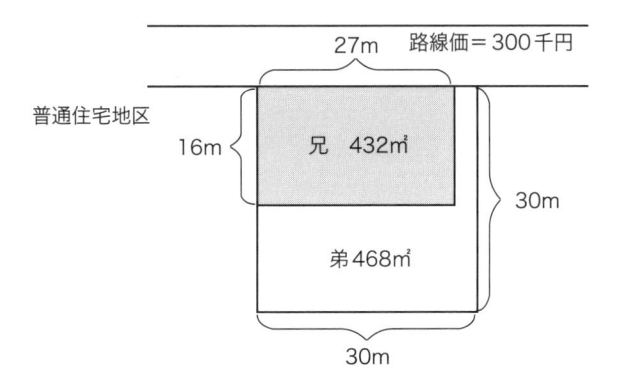

（1）　兄が取得した土地の評価額

路線価300千円×奥行価格補正率1.00×432㎡＝129,600千円

（2）　弟が取得した土地の評価額

かげ地割合＝432㎡÷900㎡＝0.48、不整形地補正率＝0.82

間口狭小補正率0.90×0.82＝0.73（小数点3位は切捨て）

路線価300千円×奥行価額補正率0.95×0.73×468㎡

＝97,367千円

相続対象地の評価額合計＝129,600千円＋97,367千円

＝226,967千円

　よって上記分割をすれば土地の評価額の合計は29,533千円（11％）下がることになります。

③ 注意点

　分割にあたって注意しなければいけないことがあります。

　土地の評価額を下げるために一方の土地が無道路地になる分割や、分割後に有効な土地利用が図れないような著しく不合理な分割をした場合、その宅地の評価は取得者単位ではなく分割前の土地を1単位として評価します。

【不合理分割の例】

① 弟が取得する土地が無道路地となるケース

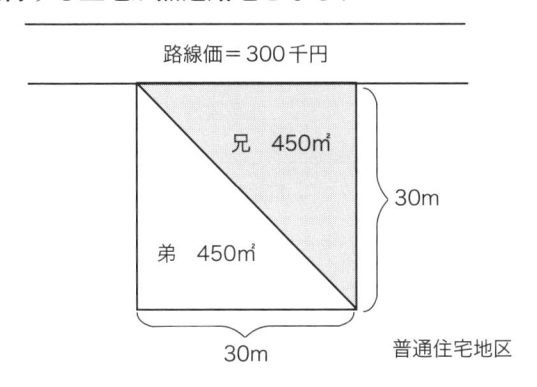

② 弟が取得する土地について有効利用が図れないケース

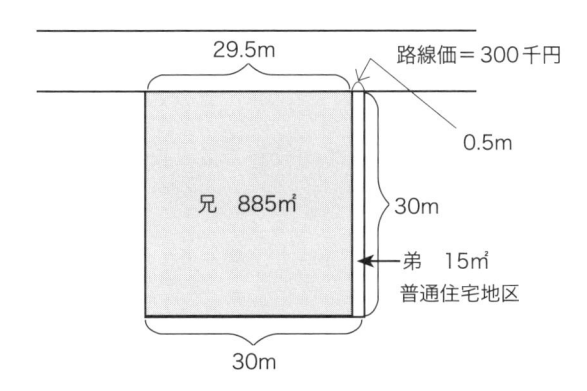

（小関　祐子）

52 遺産取得者によって土地評価は変わるか

Q 下記相続対象地（長男所有地とともに長男自宅敷地として利用）を長男が相続する場合と、長男以外の相続人が相続する場合とでは、土地評価は変わりますか。

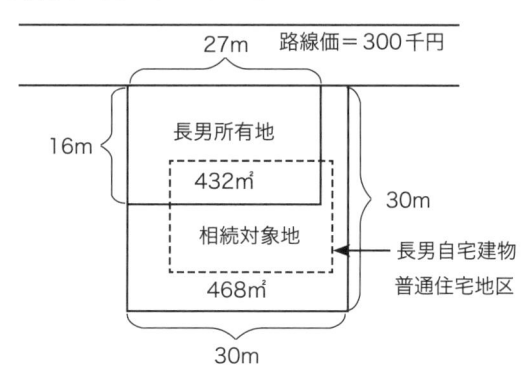

A 長男が相続する場合には、相続対象地は長男所有地とともに長男の自宅敷地として一体利用されていることから、相続対象地を評価するときも一体として評価することになり高く評価されます。しかし長男以外の相続人が相続した場合は、相続対象地単体で評価されますので、一体評価と比較して低く評価されます。

解説

上記相続対象地を長男が相続する場合と、長男以外の相続人が相続する場合とでは評価額が異なってきます。長男が相続する場合には相続対象地は長男所有地と一体として評価することになりますので、評価額は次の計算のとおり133,380千円となります。

（計算）

・上記土地を一体として評価した場合の評価額
　＝路線価300千円×奥行価格補正率0.95×900㎡＝256,500千円

・相続対象地の評価額

＝256,500千円×468㎡÷900㎡＝133,380千円

　一方、長男以外の相続人が相続した場合の評価額は、次の計算のとおり97,367千円となります。

（計算）

- ・かげ地割合＝432㎡÷900㎡＝0.48、不整形地補正率＝0.82
- ・間口狭小補正率0.90×0.82＝0.73（小数点3位は切捨て）
- ・相続対象地の評価額

　＝路線価300千円×奥行価額補正率0.95×0.73×468㎡

　＝97,367千円

　つまり長男が当該土地を相続すると評価額が37％も上がってしまいます。ですから相続財産の分割にあたっては、相続税評価額も考慮して判断することが必要になります。

（小関　祐子）

★★

53 相続税の債務控除の対象とされる「確実と認められる債務」とは

Q 　相続税の課税価格の計算上控除される債務は、「確実と認められるものに限る」と聞きましたが、この場合の「確実」とはどのように判断すればよいのでしょうか。

・・・

A 　本問の債務の確実性については、被相続人の相続開始時点において、①被相続人にその債務が存在していること、および②債務の履行が証拠上確実か、の2点を満たすかどうかにより判断されるものと思われます。②については、相続税の申告期限（被相続人の死亡から10か月を経過する日）までに、相続人によりその債務が引き継がれ履行がされた場合には、その債務が確実なものであったことの強い証拠になると思われます。

解説

1 はじめに

　相続税は、相続財産の課税価格（時価評価額）に税率を乗じて計算されますが、課税価格は、相続財産の価額から「被相続人の債務で相続開始の際現に存するもの」等を控除して計算されます（相続税法13条第1項第1号外）。控除される債務が多いほど課税価格は小さくなり、税額も少なくなりますが、そこでいう控除されるべき債務は、「確実と認められるものに限る。」（同法14条第1項）とされています。では、何をもって「確実」性を判断するのでしょうか。相続税法基本通達14−1は、「債務が確実であるかどうかについては、必ずしも書面の証拠があることを必要としないものとする。なお、債務の金額が確定していなくても当該債務の存在が確実と認められるものについては、相続開始当時の現況によって確実と認められる範囲の金額だけを控除するものとする。」としていて、一応の基準は示していますが、具体的な判

断の基準を示しているものではありません。そこで過去の裁判例から、債務の確実性について具体的な判断のありかたを考えてみます。

② 債務の確実性についての具体的な判断のあり方①

　控除相当の債務であるためには、相続開始（＝被相続人の死亡）の時点で、被相続人にその〈債務が存在していること〉が最低限必要です。債務が存在しているとは、支払い等の財産的な給付をする法的な義務（債務）を生じる約束事・責任（代表例は契約）が成立・発生している、ということです。

　債務が〈存在〉するとしても、次は、それが「確実」なものといえなくてはなりません。その「確実」性の判断の時点は、相続財産の評価自体が、財産の取得の時＝相続の時点（の現況）で行われること（相続税法22条）との整合性から、同じく相続開始の時の状況で判断されるべきと考えられています。

　そして、「確実」性の判断に当たっては、上記の債務控除制度の趣旨を確認しておくことが必要です。その趣旨に照らして、「確実」というために求められる確かさのレベルが導き出されると考えられるからです。

　平成4年2月6日の東京高裁判決によれば、「確実」性を求める相続税法14条第1項の趣旨は、「相続人ないし相続財産の負担となる債務（消極財産）は、積極財産の価額から控除して正味（純）財産により相続税の課税価格を計算しようとするものだからである。したがって、その存在が確実であっても、保証債務のように、債務の性質上、相続人が履行するとは限らず、必ずしも相続人ないし相続財産の負担とならないものは、原則として、それから除かれるものと解さなければならない。…その債務の存在すること及びその債務の履行されることが証拠上確実と認められるならば、これを「確実と認められるもの」ではないとはいえない…」（二重否定に注意）としています。

被相続人の正味（純）財産を相続税の課税対象として捉え、それを求めるための控除が債務控除制度（の趣旨）であり、債務が存在していることに加え、その履行が証拠上確実か、により判断されるべきことがわかります。なお、法人税法では、第22条第3項で、損金の額に算入される費用の要件としてその費用にかかる債務が「確定」していることが必要とされていますが、相続税法14条の「確実」は、その字義からしても「確定」まで至っていなくてもよいと解されます。法人税の所得計算では、ある事業年度では非「確定」の債務であるため損金にできない費用でも、その翌事業年度以降に遠からず債務「確定」状態となれば損金化できます。それに比べ、相続税の債務控除は、いわばワンチャンスの制度です。そのことも考慮すると、例えば、債務の相手方による、その債務の原因となる被相続人に対する契約上の具体的な給付（役務提供等）が、未完了のまま相続開始に至った場合でも、未完了のままその契約が取り消される等のことが通常見込まれず、その給付がその後完了してその支払い（債務の履行）が行われることが見込まれる場合（例えば、その給付が、契約の趣旨に沿って、その中心部分は終了している場合）は、その債務は「確定」には至っていないでしょうが、「確実」であるとは言えると思います。

③　債務の確実性についての具体的な判断のあり方②

　上記判決は、さらに「相続開始後の状況、<u>特に相続人によって現実に当該債務の履行がされたか否か</u>の点は、相続開始時点において債務の履行が確実と認められるか否かの認定においても斟酌されて然るべき」としています（下線部は筆者）。例えば、相続税の申告期限までに相続人によってその債務が引き継がれその履行がされた事実があれば、それは、その債務が相続の開始時点において「確実」なものであったことの強い証拠となると思われます。

（吉濱　康倫）

54 被相続人の養子に子がいる場合の代襲相続人の判定と相続税額の加算の取扱い

Q 甲さんは令和6年10月に死亡しました。甲さんは生涯独身でしたが、平成6年にAさんと養子縁組をし、平成17年にAさんの配偶者Bさん（平成20年死亡）とも養子縁組をしていました。AさんとBさんの間には、平成7年に子のCさんが生まれています（下図参照）。甲さんは生前に遺言を作成しており、その遺言に基づき、AさんとCさんが甲さんの遺産を取得しました。

（親族関係図）

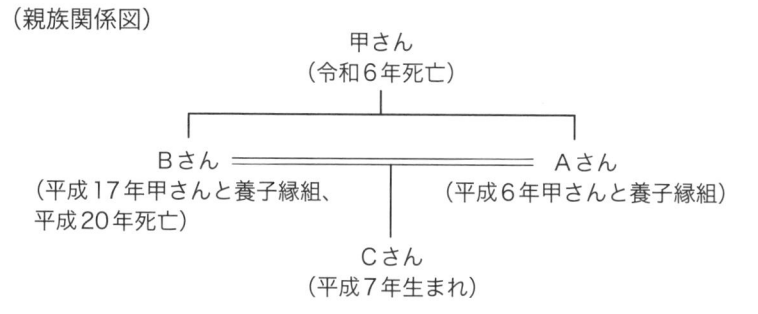

甲さんの相続において、

【問1】 Bさんの子のCさんは、Bさんの代襲相続人として甲さんの相続人となりますか。

【問2】 甲さんにかかる相続税の計算上、Cさんには相続税額の加算が適用されますか。

A **【問1】** について、CさんはAさん（＝甲さんの子）を通じて甲さんの孫（直系卑属）になるので、平成20年に死亡しているBさんの代襲相続人となります。

【問2】 について、**【問1】** よりCさんは甲さんの相続にかかるBさんの代襲相続人となるので、甲さんにかかる相続税の計算上、Cさんには相続税額の加算は適用されません。

① 【問1】について

(1) 代襲相続人の範囲（被相続人の養子の子が代襲相続人になる場合）

亡くなった人（被相続人）の子が既に死亡している場合は、その死亡した子の子（被相続人の孫）が相続人となります（民法887条第2項）。この場合の相続人を、「代襲相続人」といいます。

代襲相続人になるためには、被相続人と代襲相続人との関係が直系卑属（子・孫など、被相続人より後の世代で直通する系統の親族）の関係にあることが必要です。この場合、養子縁組をした時点で既に出生している養子の子は、養親の親族にはならない（民法727条）ので被相続人の民法上の孫には該当せず、代襲相続人にはなりません。ただし養子縁組後に出生した養子の子は、養親と養子との間の親族関係が生じた後に出生していることから、代襲相続人となります（参考：国税庁HP「質疑応答事例」＞相続税・贈与税＞代襲相続権の有無(1)）。

(2) 結　論

本問の場合、Cさん（孫）は甲さん（被相続人）とAさんの養子縁組（平成6年）後の平成7年に出生しており、Cさんはすでに甲さんの子であるAさんを通じて甲さんの孫（直系卑属）になるので、平成20年に死亡しているBさんの代襲相続人となります。

② 【問2】について

(1) 相続税額の加算とは

被相続人から相続または遺贈により財産を取得した人が、被相続人との血縁関係の薄い人または血縁関係がない人であるなどの場合には、その財産の取得には偶然性が強いことを考慮し、相続税の計算上、相続または遺贈より財産取得した人のうち一定の人については、算出税額にその2割相当額を加算した金額をもってその人の納付すべき相

続税額とされています（相続税法18条第1項）。これを相続税額の加算といいます。

　相続税額の加算の対象者は、被相続人の一親等の血族（被相続人から見て子や父母）または配偶者以外の者です。この場合の「一親等の血族」には、被相続人の直系卑属が相続開始以前に死亡し、または相続権を失ったため代襲相続人となった、その被相続人の直系卑属（例えば被相続人の孫）が含まれます（同かっこ書）。

(2)　結　論

　本問の場合、Cさんは甲さんの相続にかかるBさんの代襲相続人となるので（**【問1】** 参照）、上記(1)より、甲さんにかかる相続税の計算上、Cさんには相続税額の加算は適用されません。

（山崎　信義）

55 未分割申告のデメリット

 Q 　農業を営んでいた夫が亡くなりました。夫の遺産は、自宅の土地建物と農地、その他金融資産です。遺言書はなく、相続人は私と夫の兄妹ですが、この兄妹と遺産分割でもめており、話し合いがつくまでに時間がかかりそうです。相続税の申告期限までに分割協議が整わない場合、どのようなデメリットがあるのでしょうか。

. . . .

A 　配偶者の税額軽減、小規模宅地の評価減、農地等の納税猶予および物納の不適用といったデメリットがあります。

解説

① 遺産分割が整わない場合の申告および納税

　相続税の申告期限まで遺産分割協議が整わない場合には、相続人が民法に規定する相続分の割合により財産を取得したものとして、相続税の申告および納税をしなくてはなりません（相続税法55条）。この場合には、以下の制度が不適用となります。

② 配偶者の税額軽減の不適用

　配偶者が取得する財産については、法定相続分か、1億6,000万円のいずれか多い金額に達するまでは、配偶者の税額軽減により相続税はかかりません。ただし、相続税の申告期限までに遺産が未分割の場合には、この税額軽減の適用がないものとして相続税の申告および納税をする必要があります。なお、申告期限から3年以内に遺産分割が行われた場合には、更正の請求をすることにより、配偶者の税額軽減の適用を受けることができます（相続税法19条の2第2項）。

③ 小規模宅地等の特例

被相続人が居住の用もしくは事業の用に供していた土地について
は、一定の要件のもとに80％または50％の評価額の減額を適用する
ことができます。 しかし、この特例は相続税の申告期限までに分割
されていない宅地等には適用されません。

なお、上記②の配偶者の税額軽減の特例同様、申告期限から3年以
内に遺産分割が行われた場合に限り、更正の請求によりこの特例を適
用することができます（租税特別措置法69条の4第4項）。

④ 農地等・非上場株式等にかかる納税猶予の不適用

農地や非上場株式にかかる相続税の納税猶予の適用を受けるために
は、農業相続人や後継者が相続税の申告期限までに対象となる農地や
非上場株式等を相続等により取得し、農業や代表者として会社経営を
行うなどの一定の要件を満たす必要があります。このため、申告期限
までに分割協議が整わない場合には、この納税猶予の特例の適用を受
けることができなくなります（租税特別措置法70条の6第5項、70
条の7の2第7項等）。

⑤ 物納の不適用

相続税の納付を金銭ですることが困難な場合に、不動産など金銭以
外の相続財産で相続税を納める「物納」という制度があります（Q58
参照）。物納許可の申請は、相続税の申告期限までに行う必要があり
（相続税法42条第1項）、申請を延長することができる期間は最長で
1年です（同第4項～第6項）。遺産分割でもめている場合には、物納
の申請を行うことが困難になります。

（厚地　満里）

56　共有にすると不利な点、有利な点

Q　遺産分割協議において、不動産を共有で相続しようと考えています。今後、不利になる点、有利になる点を教えてください。

⋯⋯⋯⋯⋯⋯⋯⋯⋯⋯⋯⋯⋯⋯⋯⋯⋯⋯⋯⋯⋯⋯⋯⋯⋯⋯⋯⋯⋯

A　売却を予定していない不動産を共有にしてしまうと、将来もめる原因をつくってしまうことがあります。一方、売却を予定している不動産の場合には、共有にすることで所有者それぞれが譲渡の特例を適用できることがあります。

解説

　日本人の相続財産の特徴として、不動産の占める割合が高いことがあげられます。自宅をはじめとする不動産がメインで、残りは金融資産というケースが大半です。このような財産構成が主流であるために、公平な遺産分割を行おうとして、とりあえず不動産を兄弟間で共有名義にしているケースを多く見かけます。しかし兄弟仲良く平等にしたいとの考えで共有にしたことが、逆に将来の争いの原因となってしまうことがあります。

　不動産の共有化により起こる問題としては、売却や建て替えなどの判断を要する場面で、所有者全員の足並みを揃えることが難しいことがあげられます。親子であればまだしも、兄弟になるとそれぞれの生活環境が異なり、考え方や主張する権利も違ってきます。さらに次の世代になると共有者が増え、ますます意思疎通を図ることが困難になってきます。

　共有を解消する最もシンプルな方法は、共有のまま物件を売却して換金することです。この時、所有者全員が売却に合意すれば話は進みますが、一人でも反対すれば売却することができません。特に自宅は、居住者とそれ以外の者との立場の違いから、簡単には話がまとまらないでしょう。売らないのであれば、物件を引き継ぐ人が他の所有者か

ら持分を買い取るにしても、資金が必要です。このように、いったん共有にしてしまうと、解消するのはなかなか困難ですから、売却する予定がないのであれば、分割協議の時点で兄弟間での共有はできる限り避けた方が良いでしょう。

　一方で、共有名義にした方が有利な場合もあります。例えば同居している親子が自宅を共有で相続した場合、将来その自宅を売却したときに、居住用財産を譲渡した場合の3,000万円の特別控除の特例を、親子で適用することができます。親子2人がそれぞれ適用すると、合計6,000万円の控除を受けることができます。

（厚地　満里）

57 相続人がいない場合の相続税の計算

Q 相続人がいない相続が発生しました。遺言書には次のことが記されています。相続税の申告はどのようにすればよいのでしょうか。

（遺言書の内容）

---

① 次の人へ遺贈します。

お世話になったAさんへ	5,000万円
遠縁にあたるBさんへ	4,000万円
墓地の管理費としてC法人へ	3,000万円
宗教法人Dへ	2,000万円

② お葬式の費用は相続財産から支払ってください。

③ 遺言執行費用は相続財産より支払ってください。

④ 相続財産の残りがあるときは、その全額を社会福祉法人に寄付するとの負担付で遺言執行者Eさんに遺贈します。

A 納税義務者、葬式費用、遺言執行費用、相続税の計算の取扱いは以下の解説のとおりとなります。

解説

① 納税義務者

相続税の納税義務者はAとBであり、申告義務があります（相続税法1条の3）。

Cは相続税の申告義務はありませんが、受け取った財産は法人税の対象となります（法人税法22条第2項）。

Dは宗教法人なので法人税法上の公益法人等に該当し（同法2条第6号、別表第2）、受け取った財産をその公益を目的とする事業の用に供することが確実である場合は非課税です（同法6条）。

　Eは残りの財産を受遺しますが、負担付遺贈で全額社会福祉法人に寄付することとされています。よって被相続人から社会福祉法人への遺贈ですので、非課税となります（同）。

② 葬式費用

　葬式費用は相続財産から支払うこととされていますが、負担者が特定されていないため、相続財産に加算する必要はありません。よって申告書には何も記載しないことになります。

③ 遺言執行費用

　これは債務控除対象外の費用です。遺言により相続財産から支払うこととされているので、A、Bへの遺贈金額に上乗せされたものと考えられ、A、Bが共同で負担することになります。また税理士等の報酬も債務控除対象外の費用なので、A、Bが共同で負担することになります。

④ 相続税の計算

　本件は法定相続人がいないため、基礎控除額3,000万円です（相続税法15条）。

　またAとBは、被相続人の一親等の血族および配偶者以外の者であるため、相続税の2割加算（同法18条）の対象になります。

（林　　陽子）

58 延納・物納の概要

Q 相続税を申告期限までに一時に払えない場合、分割払いに相当する「延納」や相続財産そのもので相続税を納付する「物納」の制度があると聞きました。その概要について教えてください。

. . . .

A 「延納」とは、相続税の申告期限（＝納期限）に、相続税を現金で一括して納付できない場合、納税者の申請により税務署長の許可をもって、分割払いにしてもらう金銭納付の特例です。そして、延納でも相続税を納付できない場合に認められるのが「物納」で、相続財産のうち一定の要件を満たすものについて、その財産を税金として納める特例です。

解説

① 延納制度

(1) 適用条件

延納の許可を受けるためには、次の要件をすべて満たす必要があります（相続税法38条、39条）。

① 納付すべき相続税額が10万円を超えること

② 相続税の納期限までに金銭で納付することが困難な事由があり、その困難とする金額の範囲内であること

③ 担保を提供すること（ただし、延納税額が100万円未満で、かつ、その延納期間が3年以下である場合は不要）。なお、相続税の延納の申請で必要となる担保は、次のような財産や人的保証に限られます。

　イ．国債・地方債のほか、社債その他の有価証券で税務署長が確実と認めるもの

　ロ．土地のほか、建物で付保されたものなど

　ハ．税務署長が確実と認める保証人の人的保証

④　相続税の納期限までに延納しようとする者が延納申請書に担保提供関係書類を添付して所轄税務署長に提出すること（ただし、延納申請期限までに担保提供関係書類を提供することができない場合は、担保提供関係書類提出期限延長届出書を提出することにより、1回につき3か月を限度として、最長6か月まで担保提供関係書類の提出期限を延長することが可能）。

(2)　延納の許可限度額の計算

延納は、金銭による納付を困難とする金額を限度として認められます（相続税法38条第1項）。延納により納付することができる金額（延納許可限度額）は次の算式により計算します（同法施行令12条第1項、相続税法基本通達38-2）。

延納許可限度額 = ① － ｛（②＋③＋④）－（⑤＋⑥）｝

①　納付すべき相続税額

②　納税義務者（延納申請者）が①にかかる納期限において有する現金[注]の額。

③　納税義務者が①にかかる納期限において有する預貯金[注]の額。

④　納税義務者が①にかかる納期限において有する換価の容易な財産（抵当証券、退職金、ゴルフ会員権、生命保険など[注]）の価額。

⑤　納税義務者およびその生計を一にする親族の生活のため通常必要とされる3か月分の費用

⑥　事業の継続のために当面必要な運転資金の額。

（注）②の「納税義務者が有する現金」、③の「納税義務者が有する預貯金」、④の「納税義務者が有する換価の容易な財産」には、納税義務者が相続または遺贈により取得した現金、預貯金、換価の容易な財産に加え、納税義務者の固有の財産である現金、預貯金、換価の容易な財産が含まれます。

---

(3) 利子税の納付

延納期間中は、延納税額を基に計算した利子税の納付が必要となります（相続税法52条）。

2 物納制度

(1) 概　要

延納によっても金銭で納付することを困難とする事由がある場合には、税務署長の許可を受けることにより、その納付を困難とする金額を限度として一定の相続財産（管理や処分をするのに不適格なものを除く）による物納が認められています（相続税法41条第1項）。

物納の申請は、物納しようとする相続税の納期限または納付すべき日までに物納申請書に物納手続関係書類を添付して税務署長に提出して行います（同42条第1項）。ただし、期限までに物納手続関係書類を提出することができない場合は、物納手続関係書類提出期限延長届出書を提出することにより、1回につき3か月を限度として最長で1年まで物納手続関係書類の提出期限延長が認められます（同条第4項、第5項、第6項）。

(2) 物納財産の種類と物納順位

物納財産の種類と物納劣後財産[注]を含めた物納順位は、①〜⑤の順になります。

〈第1順位〉

① 不動産、船舶、国債証券、地方債証券、上場株式等（換価の容易な［1］金融商品取引所に上場されている有価証券および［2］証券投資信託の受益証券で金融商品取引所に上場されていないもののうち一定の有価証券をいう。）

② 不動産および上場株式等のうち物納劣後財産に該当するもの

〈第2順位〉

③　非上場株式等

④　非上場株式のうち物納劣後財産に該当するもの

〈第3順位〉

⑤　動産

（注）物納劣後財産とは、例えば建築基準法に規定する道路に2メートル以上接していない土地や、事業を休止（一時的な休止を除く。）をしている法人にかかる株式の株券など換金が難しい財産をいいます（相続税法41条第4項、同法施行令19条）。

⑶　物納許可限度額の計算

　物納許可限度額は、「延納によっても金銭で納付することを困難とする事由がある場合に、その納付を困難とする金額を限度として認める。」という制度趣旨にのっとり、納付すべき相続税額から金銭納付が可能な額や延納により納付が可能な額を控除して計算されます。

　例えば、物納許可限度額の計算上、①納税義務者が相続税の納期限において有する現金・預貯金・ゴルフ会員権や生命保険など（納税義務者固有の財産も含む）の合計額や、②おおむね1年以内に発生が見込まれる退職金の受給など臨時的な収入から、事業用資産の購入等の臨時的な支出を控除した残額は、「金銭納付が可能な額」として控除されます。また、③納税義務者の年収等により計算した「延納により（相続税の）納付が可能な額」が控除されます（相続税法施行令17条、相続税法基本通達41−1、同逐条解説・①参照）。物納許可限度額の計算上は、物納を申請する納税義務者の固有の預貯金等の額や年収等も考慮され、その預貯金等の額や年収等によっては物納許可限度額がゼロとなり、物納に充てることができる財産があっても結果として物納自体が許可されないことがありえますので、注意が必要です。

（山崎　信義）

★

59 相続税の取得費加算特例

Q 　個人が相続により取得した土地を譲渡した場合の相続税の取得費加算特例について教えてください。

∴∴

A 　個人が相続または遺贈（以下「相続等」）により取得し、相続税の課税対象となった土地その他の資産を相続税の申告期限から３年以内（相続の開始があった日から３年10か月以内）に譲渡した場合には、譲渡所得の金額の計算上、その譲渡した人にかかる相続税のうち一定の額（以下「取得費加算額」）が、譲渡した資産の取得費に加算されます（租税特別措置法39条）。これを「相続税の取得費加算特例」といいます。

解説

① 相続税の取得費加算特例のメリット

　個人が資産を譲渡した場合、その譲渡益は譲渡所得とされ、所得税、復興特別所得税と住民税が課されます。譲渡所得の金額は、譲渡収入金額からその資産の取得価額（取得費）と譲渡費用を控除して計算します。相続税の取得費加算特例の適用を受ける場合、下記②の取得費加算額が譲渡した資産の取得費に加算されることから、譲渡所得の金額が少なくなり、所得税等の納税による手取金額の減少を抑えることができます。相続した土地で現金化を急ぐべきものがある場合は、相続税の取得費加算特例の適用を検討すべきです。この特例の適用を受けることにより、相続した土地の譲渡に際して納税後の手取資金を多く確保でき、不動産の買換え等の資産の組換えの際にも有効な税制といえます。

② 取得費加算額の計算

　取得費加算額は、次の算式により計算します（租税特別措置法施行

令25条の16第1項）。

> **（算式）**
>
> 譲渡者の相続税額 × $\dfrac{\text{譲渡者の相続税の課税価格計算の基礎とされた、譲渡財産の相続税評価額}}{\text{譲渡者の相続税の課税価格}}$
>
> $= ① + ② + ③$
> ① 譲渡者の相続により取得した財産の価額
> ② 譲渡者の相続時精算課税適用財産の価額
> ③ 譲渡者の純資産価額に加算される暦年課税分の贈与財産の価額
>
> ＝取得費加算額

③ 適用を受けるための手続き

　相続税の取得費加算特例の適用を受けるためには、特例を受けようとする年分の所得税の確定申告書を提出し、かつその確定申告書に①相続財産の取得費に加算される相続税の計算明細書、②譲渡所得の内訳書（確定申告書付表兼計算明細書）等を添付することが必要です（租税特別措置法39条第2項）。

（山崎　信義）

60　代償分割と取得費加算特例

Q　父が先月、他界しました。相続人は私（A）と弟（B）の2人のみです。父の相続については、私がすべての相続財産（預金と土地と家屋で相続税評価額は2億円です）を引き継ぐことになりましたが、弟は何も相続しない代わりに、私が、現金6,000万円と私所有の土地（時価5,000万円）を渡すことにしました。この遺産分割の方法により、私と弟に所得税の課税関係が生じるでしょうか。また、その他に注意すべき点があれば教えてください。

A　現金を代償財産として交付した場合には、所得税の課税関係は起こりません。しかし、不動産等の所有権の移転があった場合には、その移転のときにその資産の時価相当額の収入があったものとして譲渡所得税が課税されます。

解説

　遺産分割により代償財産を支払う際、金銭を交付した場合には、所得税の課税関係は生じませんが、不動産など金銭以外の資産を交付した場合には、その資産を時価により譲渡したことになります。今回のケースでは、Aさん所有の土地交付時に、AさんはBさんに対して、その土地を時価相当額（5,000万円）で譲渡したことになります。またBさんが将来、その土地を売却する場合には5,000万円が取得費になります。

　これに対して、Aさんが代償金として現金6,000万円を用意するために相続により取得した土地を売却する場合には、相続税の取得費加算特例（Q59参照）により、譲渡所得の計算上、相続税の一部を取得費として控除することができます。ただし、代償分割を行っている場合にはその計算方法が変わってきます。取得費として控除できる金額が圧縮されるのです。その計算方法は以下のようになります（租税

特別措置法通達39-7）。

（算式）

$$譲渡者の相続税額 \times \frac{b - c \times \dfrac{b}{a+c}}{a} = 取得費加算額$$

　a：譲渡者の相続税の課税価格（債務控除前）

　b：譲渡をした資産の相続税評価額

　c：支払った代償金

譲渡所得＝譲渡収入額－（取得原価＋取得費加算額）－譲渡経費

具体的な数字により、取得費加算額を計算してみましょう。

（単位：千円）

	Aさん	Bさん
土地b	150,000	
土地以外の財産	50,000	
代償財産c	▲50,000	50,000
代償金c	▲60,000	60,000
課税価格a	90,000	110,000
相続税額	15,030	18,370

　上記計算例で通常通り、取得費加算額を計算すると、15,030×150,000／90,000=25,050千円となり、支払った相続税額以上に取得費として控除できることになってしまいます。そこで上記の調整計算が必要になります。具体的な計算は以下のとおりです。

$$15,030 \times \left(\frac{150,000 - 110,000 \times \dfrac{150,000}{90,000 + 110,000}}{90,000} \right) = 11,272 千円$$

　この相続した土地bを180,000千円で売却したとすれば、次の譲渡税となります。なお、相続した土地は父の所有期間が5年超で、その

売却による所得は長期譲渡所得に該当するものとします。この長期譲渡所得の金額の計算上控除する取得費の額は概算取得費によるものとし、譲渡経費は5,000千円とします。

① 180,000 － （180,000 × 5% ＋ 11,272） － 5,000 ＝ 154,728千円

② ① × 20.315%（所得税・住民税・復興特別所得税の合計税率）
＝ 31,432千円

（川瀬　朋基）

第7章

相続税調査への対応の
ポイント

61 相続税調査の年間スケジュール

Q 相続税調査の年間スケジュールは、どうなっているのですか。調査はいつ頃来るのですか。そして、事前の調査はどんなことを調べるのですか。

A 相続税の調査は、早ければ7月下旬から着手され、多くの場合9月から12月までに行われます。所得税の確定申告時期の後も行われることもあります。優先的に調査すべき事案の選定、事前準備調査を十分に行って実地調査に臨んでいます。

解説

1 スケジュール

相続人などの関係者の住まい等に臨宅して行われる相続税の実地調査は、早ければ7月下旬に着手されます。本格化するのは通常9月からで12月までに行われます。所得税の確定申告時期の後に行われることもあります。調査対象の選定は年間を通して平準化して行われ、相続税や譲渡所得税の調査は、大体、図の年間スケジュールで行われています。

税務署の調査年間スケジュール

4月初旬〜中旬・・・・・・・・・	確定申告の内容審理、譲渡所得調査事案の選定
4月中旬〜6月下旬・・・・・	譲渡所得（不動産、株式等）調査
7月中旬〜8月下旬・・・・・	譲渡所得（不動産、株式等）調査
6月末・・・・・・・・・・・・・・・	相続税調査事案選定・担当者交付
7月下旬〜12月下旬・・・・	相続税実地調査
1月初旬〜2月中旬・・・・・	確定申告の準備
2月中旬〜3月中旬・・・・・	確定申告
3月中旬〜3月下旬・・・・・	確定申告、添付資料等の整理

2　調査の流れ

　申告された内容について遺産に係る関連機関の持つ情報の照会・収集は、調査に入る前に行われます。被相続人の預金や株式は金融機関にオンライン等による照会を行うほか、被相続人の所有固定資産は固定資産税の賦課等を行う市町村等からオンライン等で情報を入手・確認します。また提出された財産債務調書・国外財産調書記載の財産に漏れはないかなどもチェックされます。被相続人だけでなく、相続人や相続関係人等（孫、相続人の配偶者）の財産状態を調査されます。

　被相続人の相続税調査は、被相続人の財産がどこかに隠されていないかを調査することです。当然に被相続人名義の財産が申告漏れになっていないかどうかチェック、相続人や関係人自身の財産も調査されます。被相続人から相続人や関係人へ財産の名義が変わっている場合が少なくないからです。残された配偶者や子や孫にほとんど収入がないのに、配偶者や子または孫に数千万円の預金があって、配偶者や子・孫に収入を得る手立てがなかったとすれば、これは明らかにおかしい、名義が変わっていても贈与の事実がなければ相続税の課税対象となる被相続人の財産ではないか、と疑われるわけです。

　相続税の申告書が提出された後に税務署では、被相続人の過去の確定申告の内容まで入念にチェックされます。特に譲渡所得、大口の株式売却、退職金の有無、大口のお金の流れは調査されます。定期預金の解約、普通預金が引き出された現金の行方は、丹念に調べ上げられます。

　国税当局も最近の取組みでは、追徴税額が多く見込まれる事案を選別、優先度判定を経て実地調査に臨んでいます。国税庁の大規模なコンピュータシステムが、令和8年に新システムに移行するのに伴い既に優先度判定ツールも開発・試行し、効果的な調査の実施を実現する計画です。

　こうして、事前の調査を済ませた上で、実地調査に及びます。

相続税調査の流れ

市区町村から税務署へ死亡通知のオンライン通知

市区町村に被相続人の所有固定資産内容のオンライン照会等

相続税申告書、お尋ね送付事案の抽出

相続税申告書、お尋ねを相続人に送付

相続税申告書、お尋ねの収受

被相続人および相続人等の預貯金、株式等の照会・署内資料の収拾

調査対象事案の選定

調査担当者の決定

準 備 調 査

相続人・関与税理士に調査の事前通知

調査（臨宅、銀行、証券会社等）・被相続人および相続人等の財産調査

調査内容についての質疑応答（税務署、相続人・会計事務所）

 ※

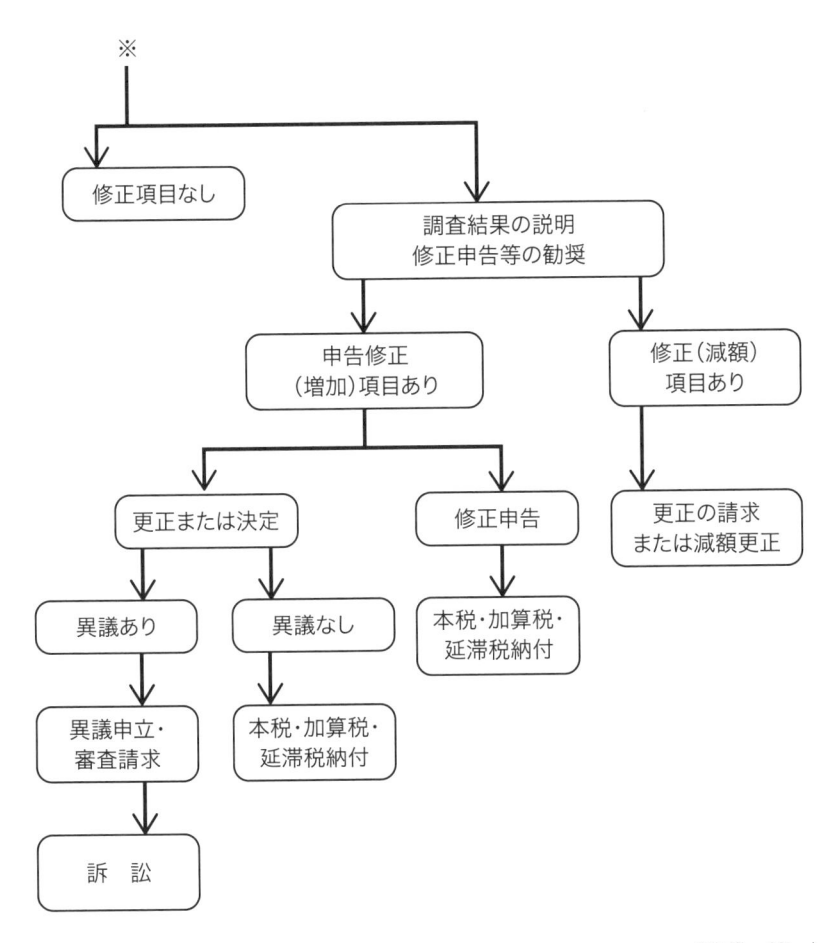

（遠藤　純一）

62　相続税調査の選定基準

Q　相続税の調査をするかどうかの選定基準はあるのですか。どのような人が調査対象となるのですか。相続税の実調率はどのくらいですか。

....

A　相続税の申告に対して実際に調査される比率は特に決まっていませんが、概ね30％〜40％くらいだといわれています。つまり、申告されたものが全部調査されるわけではありません。不審があれば調査するのであって、特に不審がなければ実地の調査は行われません。事前調査の中から調査対象となる人は、次のような人です。

解説

① 毎年の所得に比較して申告財産が少ないと考えられる人

　毎年の確定申告において2,000万円〜3,000万円以上の所得税の申告をしているにもかかわらず財産の額が少ないと思われる人。高額納税者（年間1,000万円以上の納税）は、相当マークされています。通常で考えれば所得の大きい人は財産を残すはずです。当然、亡くなった場合には、相続税の発生があると考えます。

② 死亡前の土地、株式等の売却代金が申告財産に含まれていない人

　例えば生前に、土地1億円売却したとして、税引後約8,000万円の預金があるはずなのに、相続財産として申告された預金が2,000万円だとします。少なくとも6,000万円近くが消えています。他の財産を購入したとすれば、預金が他の財産に変化しています。このお金が子供や配偶者へ、または申告漏れになっているのではないかと考えます。

　株式の大口売却代金も同じことです。また、多額の退職金もその行く先がチェックされます。こうした大口売却代金は、生前の確定申告、または資料箋で税務署は把握しています。

③　**銀行等の照会回答から相続直前に多額の預金引出しがあり、それが申告財産に含まれていない人**

　死亡直前に被相続人の預金通帳から大口預金を引き出し、相続財産から外す、または、定期預金を解約する。このうち葬式等の費用に充てるとしても、せいぜい数百万円です。こうした大口預金が現金として申告されていれば問題はありませんが、何も反映されていなければ当然問題となります。死亡日から数年前にさかのぼって、大口預金の引出しはチェックされています。

④　**多額の借入金等があるにもかかわらずそれに見合う申告財産がない人**

　通常、賃貸住宅を建てるために5,000万円を借入すれば、当然それに見合う建物が申告されています。しかし、借入金が数千万円または億単位で債務として申告されたとしたら、それに見合う財産がなければ、この借入金は何に使われたかをチェックされます。子供の借入金の肩代わりや財産が隠されている可能性があります。

⑤　**相続人の財産が異常に多い場合**

　配偶者や子供が申告した所得税が少ない、または、ほとんど所得がないにもかかわらず、相続人が預金や不動産を所有している場合です。例えば、所得のない配偶者が預金を5,000万円もっていたり、40歳の子供（年収800万円）が5,000万円～1億円の不動産を借入金もなく所有しているような場合です。こうした相続人名義の財産は、実は被相続人から預金が流れているのではないかと考えられます。

（杉山　正義）

63　相続税調査における'現物確認'とは

Q 現物確認とはどういうことですか。税務調査とはいっても、家じゅうを探し回られるようなことには抵抗があります。「申告したもの以外の財産はありません」と回答するだけではだめですか。

A 現物確認とは、法令で定められた用語ではありませんが、相続財産とされたもの（申告されたもの）の現況を確認するとともに、申告漏れとなっているもの……現金、預金（通帳）、貴金属等……がないかを相続人や被相続人の住居のタンスや金庫等の特定の場所を実地に確認する調査手法の通称です。特段の事情もないまま、家じゅうを探すことは通常ありませんが、本問のように「……ありません」と口頭で回答しても、国税通則法74条の3により、相続税等について「必要があるとき」は、申告漏れの財産の有無を確認するための方法としての現物確認は「帳簿書類その他の物件の検査」として認められています。納税者には正当な理由がない限り、受忍義務があると考えられます。

解説

現物確認はまずは、被相続人または相続人の周辺にある財産（被相続人のものか相続人のものかは問わない）またはその財産の存在を象徴するもの（たとえば、被相続人あての配当金の計算書など）を把握しようとします。次に、それらの財産または存在が推測される財産について、被相続人のものか、相続人のものかを確定し、被相続人のものであれば、適正に申告に含められているかどうかを確認していきます。

預金を例に述べると、現物確認では、被相続人のものであった預金だけでなく、相続人名義の預金通帳も現物の確認をして、入出金の状況や管理の状況を確認されると思います。相続人名義の通帳でも、相

続人の名義を使って被相続人が入金し、また、その管理していたいわ
ゆる名義預金（相続人名義ではあるが、被相続人に帰属する財産とい
うべき預金）である可能性があるからです。

　現物確認といっても、家じゅうを探し回るようなことは、よほどの
こと（相当に疑わしい事情や具体的な情報を税務署が事前につかんで
いるようなケース）がない限りありませんし、プライバシーの保護と
税務調査の必要性とのバランスのなかで、自ずとその確認される範囲
は定まります。金庫や、預金通帳、有価証券や保険証書等、重要なも
のが保管されていると考えられるタンスなどの場所は相続人に同行・
同席してもらった上で、金庫や、その引出しの中のものをすべて確認
することもあると思います。

　また、現物確認調査は、通常は調査の比較的初めの段階で行われま
すが、それは、冒頭で述べたように被相続人または相続人の周辺にあ
る財産の現物またはそれを表すモノ＝通帳や証書等をとりあえず広く
把握するためのものです。税務調査が進行する過程で、申告漏れの相
続財産がありそうだと具体的に見込まれてきたような場合（たとえ
ば、被相続人の預金から1,000万円が引き出され、それが何に使われ
たか・どこに行ったかよくわからないが、どうも相続人がその使途・
行方を知っていると見込まれるような場合）、相続人に対する質問を
繰り返しながら、再度現物確認調査を行う場合もあります。

　相続税調査では、申告漏れの財産と認定して、修正申告を求めたり、
更正したりするためには、その財産の相続時の状況を具体的に明らか
にする・特定する必要があるからです。

（手塚　隆）

64　相続税調査の進め方のポイント

Q　相続税の税務調査の進め方のポイントと調査官の意図はどこにあるのですか。法人税の調査とは明らかに違っています。どう対応すればいいのでしょうか。

....

A　相続税の調査の目的は、申告されていない被相続人の財産を見つけ出すことです。そのために、被相続人または相続人の自宅の特定箇所（金庫・タンス等）で保存されているモノを、相続人の了解のもと、確認する（現場・現物の現況の確認をする）こともあります。

解説

　法人税や所得税は、事業ないし取引が生み出す損益＝所得が課税対象であり、その事業のためにも取引を記録した帳簿や書類の作成は必須です。ところが相続税は、個人（被相続人）の財産が課税対象であり、事業に使われている財産を除き会社の帳簿のような記録は通常ほとんどありません。

　一方、税務署には、不動産等の登記に異動があった場合や海外からの送金または海外への送金などの各種の資料情報が集まります。特に、資産家といわれる方については、法令で提出が義務づけられている各種資料・情報に限らず、マスコミ情報等も収集蓄積しています。調査官は被相続人の過去の申告や本人の職業等の経歴や経済生活の状況から、蓄積されたであろう財産を大まかに推測し、それと相続税の申告内容を対比し、申告内容に疑問があれば、税務調査に及びます。

　調査官の質問（または、質問とは思えないほどの雑談風の問いかけ）には目的があります。例えば被相続人の趣味や生活の傾向を聞くのは、それらから申告された相続財産の種類と量に不自然な点がないかを探るためです。ゴルフが趣味といえば、ゴルフ会員権は申告されているか、本人が仕事一途であまり浪費をしない人であった、という場合に、大口

の預金の引出しがあったものの、他の財産に転換しておらず、その行先が不明の場合、何か申告漏れの財産があるのでは……と推測します。

　本人が亡くなる前の心身の状態・様子や病状等を尋ねるのは、例えば、本人が長く寝たきりであったような場合は、預金の引出しは配偶者か子供が行っていたであろう、と確認するためです。本人に代わって預金の引出し等を行っていた人（相続人）は、大口の引き出しにつき、「知りません。本人が使いました。」とは答えられなくなります。

　本人が「生前日記をつけていました」という話になれば、大きな支出や特別な支出についてはきっと記録を残しているでしょう。調査官は、ノート、日記、手帳などを把握し、その中を見たいと考えます。本人が書いたノート等には、財産に関わる事実も多く記載されていることもありますから、相続税調査の大きなターゲットといえます。

　調査官は、自宅に来て、いきなり「相続人の預金を見せてください。」とはいいません。調査官は、さりげなく普通の会話風に尋ねます。「ご主人は普段はどんなことを楽しまれていましたか。」「お体の具合はいかがでしたか。」「仕事一途な方だったんですか。」「奥様はずっとご主人を支えて専業主婦でいらしたんですか。」等々、遠回しではありますが、あるべき相続財産の推定のための質問なのです。

　こうした会話風の質問は、普通は調査初日の午前中までです。こうしたやりとりを経て、調査官に対する相続人（調査を受ける人）の緊張感が緩んできたところで、昼休みとなります。午後は、多くの場合、相続財産に関わる現場・現物の現況確認に移行します。それによって、申告漏れの相続財産がある、または、ありそうだ、という感触・心証を調査官が得れば、一気に相続人を問い詰めることにもなっていくでしょう。

　相続人は、調査に先立ち、税理士から、調査がどのように進められるのか、想定される質問等について説明を受けておくことが有益でしょう。

相続税の調査の質問項目、内容およびその意図

項　目	内　容	調査官の意図
本人の経歴	収入、概況	本人の収入と財産をどのくらい残したか 退職金はどうか
相続人の経歴 　〃　実家の状況 　〃　家族の職歴	収入、財産（持参金） 〃 〃 ※名義預金、名義株	相続人（配偶者、子供）の預金が本当に本人のものかどうか、収入の裏付けのある預金かどうか
本人の趣味	ゴルフ会員権その内容 お金の使い方	本人の生活ぶり、派手か地味か ゴルフ会員権の有無
亡くなった時の状況	病気、病院 医療費の支払い 死亡時前後の現金状況	意思能力の有無 財産の処分は誰の意思に基づくか 死亡前のお金の使い方 特に預金の引き出しの使い道
遺言書の有無	確認	隠し財産が書いていないか
預金の管理	名義預金の有無 印鑑、キャッシュカードの管理の状況	誰がお金を管理しているか 名義預金の確認
手帳の有無 ノート（日記）	財産の異動の記録等	生前贈与の有無 隠し財産の所在 取引銀行、証券会社の把握
香典帳、電話帳	取引先等	取引先、銀行、証券会社の把握
権利書、通帳の確認	書庫、金庫の現場確認	重要書類の置き場所の把握、申告されていない財産の資料を見つけたい
有価証券の所在	預り証、取引のある証券会社	申告されていない有価証券はないか
生活費	生活費は誰が管理しているのか 月の生活費	名義預金、財産の把握を誰がしているか 手許現金・へそくりの有無
銀行の担当者		銀行取引先から詳しい事情
貸金庫	有無・場所 （貸金庫の使用料は通常、預金から引き落し）	貸金庫・保管物の確認

（手塚　隆）

65 相続税調査と個人のプライバシー

Q 相続税の調査は、自宅の金庫の中や机の中を全部調べるというのは本当ですか。例えば寝室にあるタンスまで見たい、などということになれば、個人のプライバシーの侵害になると思います。税理士はどう対応するのでしょうか。

A 調査官は、国税通則法74条の3に定められた相続税の質問検査権という法令上の権限に基づいて調査をします。いわゆる強制調査（意に反して事務所や居宅に立ち入って、各種のものを検査すること）を認めるものではありませんから、調査にはその相手方の同意が必要です。しかし、だからといって、全くの任意の協力でよいというのではありません。質問に対する不答弁や検査の拒否や妨害に対しては、刑罰が科されることになっています（国税通則法128条）。このことから、質問検査の相手方には、それが違法なものでない限り、質問に答え検査を受忍する義務がある、と理解されています。適法な質問・検査を超えたやり方に対しては、応じる必要はなく、税理士も当然にその旨主張するはずです。

解説

　質問・検査は、相続税に関する調査について「必要があるとき」に行うことができるものです（国税通則法74条の3）。適正公平な課税の実現のため、社会通念上相当な限度の範囲で認められるということです。調査官の全くの自由裁量でよいということではありません。ただ、一般に、調査の必要があるかどうか、あるとして、いつ誰に対してどんな質問をし、また、いついかなる物件を検査すべきかは、専門的な判断を必要とする事柄なので、調査官のそれらの判断が違法とされる場合は少ないと考えられています。相続税の調査の基本的な目的は、被相続人の財産で申告されていないものはないかを確認するとい

うことですから、被相続人や相続人に関する色々な方面からの質問が考えられ、それは、私生活の部分にも当然及びます。また、例えば被相続人が住んでいた家や相続人の家は、確かにプライバシーそのものでしょうが、そこには、相続財産またはその痕跡が多く残っていることが想定されるので、検査対象の物件であることは否定できません。

　一方、調査官には、国税通則法上の守秘義務と国家公務員法の守秘義務が二重に課されており、違反した場合、すなわち秘密を第三者に漏らした場合には刑事罰がありますので、その点の心配は無用です。

　調査官から、金庫や机の中を開けてください、などといわれても、**A**で述べたとおり、その所有者の同意がなくては、調査官は相手の所有物を勝手に見ることはできません。本人が同意して、開けて見せるという手続きが必要です。したがって、その理由はともかく「絶対見られたくない」というのであれば、断ることです。調査官は、申告の適否の確認のために必要だ、として、その検査の必要性をいろいろと述べて硬軟織り交ぜて説得を試みるでしょうが、無理やりに同意させることはできません。税理士としても、相続人が断っているのであれば、それを尊重して、その検査には応じられない旨主張するべきです。調査官も相手の意に反した強制的な調査はできないことは承知しているはずです。

　調査官が、万一高圧的な態度を示したような場合は、まずはその調査官の税務署の上司や税務署長に苦情を申し立てることが考えられます。また、国税当局内の組織ですが、そのような苦情に対して、より第三者的な立場で対応や解決を図ることが期待される部署として、「納税者支援調整官」が国税局や主要税務署に置かれていますので、そちらに相談することもよいでしょう。

　ただ、前述したとおり、質問に対する不答弁や検査の拒否や妨害に対しては、刑罰が科されるおそれがありますが、現在の調査実務においては、そのような処分に至る事例はほとんどありません。つまり、

実務上は、双方がどこかで折り合いをつけて、税務調査が行われ、調査は終了している、ということです。質問検査権は、法令に基づく権限であり、調査を早期に終わらせるためには、調査を受ける側としても、一定の協力は必要です。

　なお、具体的に申告漏れの預金などの存在がかなりの確率で疑われるようなときまで、やみくもに質問・検査を拒否し続けることは得策ではありません。その問題について、調査官は、更に解明が必要と考えれば、攻めどころを変えて、銀行や他の相続人等の関係者のところにその問題に関して調査をすることが出来るからです。それによって、結果的に、そのような問題があることがそれらの外部の者の耳に入ってしまうことになります。

（手塚　隆）

66　大口資産家の相続税調査

Q　大口資産家は、相続開始以前からずっとマークされていると聞いていますが、本当ですか。国税局の調査と一般の税務署の調査とはどこか違うのですか。

A　大口資産家については、毎年の所得税や法人税（会社のオーナー等の場合）等の確定申告書をはじめ、財産の蓄積や移動に関係する資料情報が長年にわたり蓄積され、分析されて、相続の時を待っているといえます。所得税の確定申告時に毎年提出する「財産債務調書」や「国外財産調書」も重要な資料の一つです。

〈国税局の相続税担当の資料調査課による調査〉と〈税務署の調査〉とでは、調査の質・深さと量（人員×調査日数）が違います。

解説

相続税は、故人（被相続人）の、生前の所得やその経営に関わった会社の株式の価値の増加分などに由来する財産に対し、最後に課税の網をかけるという性格を持ちますから、大口資産家をマークするのは当然です。

大口資産家については、国税局の資料調査課等の担当部署において、上記のような資料情報の蓄積が図られています。同族会社のオーナーの場合、会社の株主名簿の動きも法人税申告書別表2「同族会社の判定に関する明細書」によりチェックされています。親族等への株の移動があるとき、贈与や売買が行われたと推測されますが、それに見合う申告がされているか確認されます。

国税局の資料調査課等、相続税の大口事案を担当する国税局の部署が直接行う相続税の調査では、蓄積された資料情報の精査・分析に基づき、相続財産の推定・推測をし、申告漏れのパターンをある程度具体的に想定し、その想定に基づいて調査の具体的な進め方を決めたう

えで調査にやってきます。税務署による調査でも、そのような資料情報の精査・分析に始まる調査の実行にかかる手続きの基本は同じですが、国税局の調査は税務署によるそれに比べ、その深度と量（人員×調査日数）がかなり違います。また、国税局の調査官は、税務署の調査官に比べ、調査の経験・技能や行動力、想定・推察力、粘り強さ等の点でレベルは高く、相対的に厳しい・徹底した調査となります。

　もちろん、国税局による厳しい調査といっても、国税局の査察部（いわゆるマルサ）の強制調査とは全く別物で、通常の質問検査権に基づく調査です。

　国税局の調査官チームは、相続税の大口事案を専門的に調査する部隊で、通常（特に、調査の初期段階）は、いわゆる人海戦術で、同時刻に複数の関係個所（金融機関や複数の相続人の居宅等）に臨場することもあります。税務署の事務年度が始まり、1件目の調査が開始されるのは通常8月です。その1件目として国税局の調査がやってくるようなら、相当力が入っている、重要視している調査といえるでしょう。調査期間も、8月からスタートしても、未解明の問題があれば、翌年に入るまで終了しないこともあります。税務署の調査に比べ、時間、期間が長く、調査が及ぶ範囲も広いです。

　調査官は、申告漏れ財産の存在が相当程度想定される断片的な事実をつかんだときに、その解明・把握を先延ばしすると、隠ぺい等されてしまう恐れがあると考えれば、日が暮れても調査を終りにせず、その解明が済むまで帰ろうとしないこともあります。そのような場合は、「明日にしてくれ」と言っても、申告漏れを認めるまで帰ってくれないかもしれません。質問検査権に基づく調査は、調査を受ける人の同意・協力に基づいて行うべきものです。もし、国税局の想定に対し身に覚えがないのであれば、最後には毅然とした態度でその旨を主張し、後日の調査を求めるべきです。

（手塚　隆）

第8章

相続税対策の重要論点の解説

67　評価通達6項をめぐる事件に関する令和4年4月19日最高裁判決のポイント

Q　財産評価基本通達6項をめぐる事件に関する令和4年4月19日最高裁判決のポイントについて教えてください。

A　相続した賃貸不動産の評価額につき、財産評価基本通達（以下「評価通達」）に定める路線価等による通常の評価で申告したところ、評価通達6項により、評価通達による評価を認めず、鑑定評価額を採用して税務署（国税当局）が更正処分等をしたことが違法かどうかで争われた事件（以下「本件」）の裁判について、最高裁は令和4年4月19日、納税者敗訴となった二審の東京高裁の判断を支持して納税者の上告を棄却し、納税者の敗訴が確定しました（以下この判決を「最高裁判決」という）。この最高裁判決では、被相続人が多額の相続税負担を免れるために相続開始直前に行った借入れによる不動産購入が、他の納税者との間に看過し難い不均衡を生じさせ、実質的な租税負担の公平に反することから、平等原則（後述**2**(1)（注）参照）を貫徹しない合理的な理由があるとして、評価通達6項の適用により、評価通達に定める方法によらない評価額（不動産の鑑定評価額）を採用することは適法であると判断しています。

=== 解説 ===

1　事件の概要

(1)　評価通達6項とは

相続税は、相続により取得した財産の相続開始時点の時価を基に計算します。

その時価の評価は、通常は評価通達の規定に従って計算し、土地は路線価、建物は固定資産税評価額を基に評価します。この評価の例外が評価通達6項で、「この評価通達の定めによって評価することが著

しく不適当と認められる財産の価額は、国税庁長官の指示を受けて評価する。」と定められています。これは、評価通達に定める評価方法を画一的に適用した場合には、適正な時価評価が求められず、その評価額が不適切なものとなり、著しく課税の公平を欠く場合も生じるときには、通常の評価通達評価以外の評価を行うという趣旨の規定です。

(2)　本件の概要

本件の概要を時系列でまとめると、以下の通りになります。

① 　**個人（被相続人）XがY銀行に経営財務診断を申込み**

　…平成24年6月に94歳で死亡したXは、平成20年にR銀行に経営財務診断を申し込み、その際に相続に伴う遺産分割や相続税が心配であると伝え、診断結果の報告で借入金により不動産を取得した場合の相続税の試算や課税価格の圧縮効果の説明を受けた。

② 　**被相続人による甲・乙賃貸不動産の購入**

　…平成21年1月末、被相続人XはR銀行から6億3,000万円を借り、それに親族からの借入金や自己資金を加え8億3,700万円の賃貸不動産（「甲不動産」）を取得し、同年12月にも同様にR銀行からの借入れで大半の資金を調達し5億5,000万円の別の賃貸不動産（「乙不動産」）を取得した。

③ 　**相続の開始と相続人による甲・乙不動産と借入金の承継**

　…Xの死亡後の遺産分割協議により、相続人K（Xの孫だが、Xが養子縁組）が甲・乙不動産を取得するとともに、Xの約10億円の債務全部（その大部分が甲・乙不動産の取得に係る借入金の残額）を承継した。

④ 　**相続人による乙不動産の売却と借入金返済**

　…Kは平成25年3月に乙不動産を総額5億1,500万円譲渡し、相続から9か月足らずで乙不動産は現金化され、その借入金は返済されてなくなった。

⑤ **相続税申告と所轄税務署の評価通達6項による相続税の再計算**

…相続人は、評価通達に基づいて甲・乙不動産を評価し、相続税額をゼロとする申告を行ったところ、所轄税務署は、平成28年4月に評価通達評価額より大幅に高い鑑定評価額を甲・乙不動産のあるべき価額（時価）として、相続税の課税価格と税額を再計算し、更正処分を行った。

不動産の購入価格（購入に伴う借入額）、売却価格、通達評価額および鑑定評価額

	甲不動産	乙不動産
購入時期	相続開始の約3年5か月前	相続開始の約2年6か月前
購入価格 （購入時の借入額）	8億3,700万円 （6億3,000万円）	5億5,000万円 （4億2,500万円）
売却時期	売却せず	相続開始の約9か月後
売却価格	売却せず	5億1,500万円
通達評価額	約2億0,004万円	約1億3,366万円
鑑定評価額	7億5,400万円	5億1,900万円

（出典：最高裁判所広報課資料を基に筆者作成）

(3) 国税当局が問題視した理由

本件には次の問題点があり、これを理由に国税当局が更正処分を行ったものと思われます。

① 90歳の個人による駆け込みの相続税対策であったこと。

② ①の対策が、相続税を0円（約2.4億円軽減）にするために銀行借入れで約14億円の甲・乙不動産を購入し、養子縁組をした孫に承継させる露骨な軽減対策であったこと。

③ ②の銀行借入れにつき、銀行の貸出稟議書には「相続（税）対策のため不動産購入を計画。購入資金につき、借入の依頼があったもの。」との記載があり、外部から容易に分かるほどの明確な意図をもった軽減対策であったこと。

④ ②の甲・乙不動産の時価（鑑定評価額）と相続税評価額（評価

通達評価額）の間に、大きな乖離（鑑定評価額が評価通達評価額の4倍超）があったこと。

⑤　②の相続税対策のため購入した乙不動産を相続税の申告期限前に売却し、購入に係る借入金を返済していること。

② 最高裁判決のポイント

(1)　基本的な考え方

最高裁は相続税計算上の財産の評価について、相続税法22条が「相続等により取得した財産の価額を当該財産の取得の時における時価によるとする」ことを確認し、評価通達は時価の評価方法を定めるものの、国民に直接の法的効力を有するべき根拠は見当たらないとしたうえで、「相続税の課税価格に算入される財産の価額は、客観的な交換価値としての時価を上回らない限り、同条に違反するものではない」としています。

その一方で最高裁は、平等原則[注]により、「特定の者の相続財産の価額についてのみ評価通達の定める方法により評価した価額を上回る価額によるものとすることは、たとえ当該価額が客観的な交換価値としての時価を上回らないとしても、合理的な理由がない限り、上記の平等原則に違反する」と指摘しています。また、「相続税の課税価格に算入される財産の価額について、<u>評価通達の定める方法による画一的な評価を行うことが実質的な租税負担の公平に反するというべき事情がある場合には、合理的な理由がある</u>と認められるから、当該財産の価額を評価通達の定める方法により評価した価額を上回る価額によるものとすることが、上記の平等原則に違反するものではない」とも判断しています。

・合理的な理由がない⇒平等原則に違反する

・合理的な理由がある⇒平等原則に違反しない（評価通達6項の適用を認める根拠になる）

（注）「平等原則」は憲法14条に由来し、法源（裁判官が判決理由で自ら
の主張の助けとするために引用し、裁判での判断基準となし得るもの）
の1つです。最高裁判決では、「他方、租税法上の一般原則としての平
等原則は、租税法の適用に関し、同様の状況にあるものは同様に取り
扱われることを要求するもの」としており、平等原則に反しないよう
に相続税法22条が適用されなければ違法な執行になるという考え方を
示しています。平等原則を相続税法の相続財産の評価にあてはめると、
同じ財産（例えば不動産）を取得した者は、評価通達により、等しく
同様の評価法（不動産なら土地は路線価、建物は固定資産税評価額を
基に評価すること）を適用することが原則になります。

⑵ 本件へのあてはめ

本件へのあてはめで最高裁は、本件各不動産（甲・乙不動産）の評
価通達評価額と鑑定評価額との間には大きな乖離があるものの、この
こと（のみ）をもって、上記の「（実質的な租税負担の公平に反する
というべき）事情」があるということはできないとしています。

ただし、本件について最高裁は、前記１⑵の対策が行われなければ
相続税の課税価格の合計額は6億円超であったにもかかわらず、その
対策が行われたことにより、本件各不動産の価額を評価通達の定める
方法により評価すると相続税の総額が0円になり、被相続人および相
続人は、前記１⑵②の対策が近い将来発生することが予想される被相
続人からの相続において、相続人の相続税の負担を減じまたは免れさ
せるものであることを知り、かつ、これを期待して、あえてその対策
を企画して実行したのであるから、租税負担の軽減をも意図してこれ
を行ったものと指摘しています。

最高裁は、本件各不動産の価額について、評価通達の定める方法に
よる画一的な評価を行うことは、本件購入・借入れ（筆者注：前記１
⑵②の対策）のような行為をせず、またはすることのできない他の納
税者との間に看過し難い不均衡を生じさせ、実質的な租税負担の公平

に反するというべきで、実質的な租税負担の公平に反する事情があることから、前記②(1)の「合理的な理由」があるものとして、評価通達6項の適用による鑑定評価額の採用が認められると判断しました。

(3) 結 論

「したがって、本件各不動産の価額を評価通達の定める方法により評価した価額を上回る価額とすることが上記の平等原則に違反するということはできない」とし、国税当局による更正処分は適法としています。

③ 通達によらない評価が適法とされるケースとは

本件で注目すべきは、相続財産または債務に評価通達を機械的に適用することで、相続税の負担が著しく軽減される結果になっていることです。本件は2棟の賃貸建物とその敷地を取得していて、そのうちの一棟を相続後ほどなく鑑定価額に近い価額を対価に譲渡して現金化し、もう一棟は所有し続けています。それでも、2棟について、つまり譲渡していない1棟も含めて課税当局は通達6項により鑑定評価により否認しています。「相続後に譲渡しなければいい」ということではないわけです。もちろん、相続後に譲渡すると、自分で時価を証明し、通達評価が低すぎることを自ら明らかにするようなもので、評価通達によらない評価が適法とされる可能性が高まります。相続財産を譲渡しようがしまいが、通達6項の適用はありうる、という認識が必要です。要するに、「その不動産投資を何のために行ったのか。」と尋ねられた場合に、「相続税の節税」としか答えようがない行為は、評価通達6項の適用による否認リスクが高まる、と考えるべきでしょう。

（山崎　信義）

★★★

68 相続税申告において不動産鑑定評価額を採用する場合の留意点

Q 相続税の計算上、例えばがけ地など特殊な形状の宅地で、鑑定評価額の方が通達評価額よりも大幅に小さい場合、納税者が通達6項を根拠に不動産を通達評価によらない鑑定評価を採用することは認められるのでしょうか。

A Q67で解説した令和4年4月19日最高裁判決を踏まえ、納税者が、「評価通達によれば時価を大きく超える評価となり看過し難い過大な税負担が発生する」ことを立証できる場合には、通達評価によらない鑑定評価を採用することが認められると思われます。

解説

① 基本的な考え方

　国税当局ではなく、納税者側が通達によらない評価を時価として主張する場合にも、令和4年4月19日最高裁判決（以下「最高裁判決」）の判示に沿った主張をする必要があります。

　上記最高裁判決は「国税当局が、特定の者の相続財産の価額についてのみ評価通達の定める方法により評価した価額を上回る価額によるものとすることは、たとえ当該価額が客観的な交換価値としての時価を上回らないとしても、合理的な理由がない限り、平等原則（筆者注：相続税法の相続財産の評価にあてはめると、同じ財産を取得した者は等しく同様の評価法を適用するということ。Q67参照）に違反するものとして違法というべきである。」旨の判断をしています。この場合の国税当局を「納税者」に言い換えると、「特定の納税者が、その者の特定の相続財産の価額についてのみ評価通達の定める方法により評価した価額を下回る価額によるものとすることは、たとえ当該価額が客観的な交換価値としての時価を下回らないとしても、合理的な理

由がない限り、平等原則に違反するものとして違法というべきである。」といえるとは思います。

　すなわち「合理的な理由」があれば、それは平等原則に反しない・適法とされるはずです。この場合、納税者側が評価通達による価額より低い価額を時価とするときの合理的な理由も、「評価通達の定める方法による画一的な評価を行うことが実質的な租税負担の公平に反するというべき事情がある場合」、具体的には「評価通達によれば時価を大きく超える評価となり看過し難い過大な税負担が発生する場合」で判断することになると思います。

② 本問へのあてはめ

　がけ地など特殊な形状の土地について、通達評価によらない鑑定評価を採用することが認められるためには、評価通達に定める方法で評価すべきではない「合理的な理由」があることが必要です。評価通達の評価法を機械的に適用して評価すると、その財産（土地）の具体的な減価要因がどう見ても反映されず、時価の基本的概念からかなり外れてしまうということを納税者が立証する必要があります。そのためには、不動産鑑定士は不動産の鑑定基準による評価額だけを報告するのではなく、評価通達による評価額との差額の原因が、通達の評価法の不備によることについて、できるだけわかりやすくその報告の中で説明していることが求められます。

　また、質問のがけ地の例ではあまり想定できませんが、一般論として、納税者が問題の財産に関連する行為でその評価額の引き下げを意図していると認められるものをしていないことが必要です。このため、その財産の取得から保有・相続に至る経緯を確認しておくことが必須です。

（山崎　信義）

69 被相続人が相続開始10年前に取得した賃貸不動産を、相続人が相続税申告期限前に譲渡した場合

Q 　私は、昨年亡父から賃貸不動産を相続し、その相続税の支払いのため相続税の申告期限前にその賃貸不動産を譲渡しました。亡父はその賃貸不動産を亡くなる10年前に銀行借入金により取得し、亡くなる直前まで賃貸をしており、生前に譲渡するつもりはありませんでした。また、取得の際の借入金は相続開始時点では完済しています。その賃貸不動産は都心の好立地にあることから、譲渡価額は財産評価基本通達による評価額（通達評価額）の約2倍の金額となりました。

　亡父に係る相続税の計算上、その賃貸不動産を通達評価額によらず、譲渡価額をもって評価額とする必要はあるのでしょうか。

· ·

A 　Q67で解説した令和4年4月19日最高裁判決（以下「最高裁判決」）の内容から考えて、賃貸不動産を譲渡価額ではなく、通達評価額により評価することに問題はなしと考えます。

解説

　まず、最高裁判決には「これを本件各不動産についてみると、本件各通達評価額と本件各鑑定評価額との間には大きなかい離があるということができるものの、このことをもって上記事情があるということはできない。」という判示があります。この場合の上記事情とは、「合理的な理由（Q67参照）がある」を指していると思われます。また相続税法22条に係る解釈と執行（特定の被相続人の特定の相続財産の価額を通達以外の評価による価額とすることも含みます。）は、平等原則（同じ財産を取得した者は等しく同様の評価法を適用するという取扱いをすること。Q67参照）に従うものでなければなりません。

　あなたの場合、相続開始の10年前に亡父が取得した賃貸不動産を、相続開始後に相続税の納税資金捻出のために通達評価額の約2倍の価額で譲渡しています。通達評価額と譲渡価額との間には乖離があるも

のの、上記より乖離があるだけでは「上記事情があるということはできない」こととなります。

　賃貸不動産であることと、通達評価額と時価（あなたの場合は、それと推察される近接時期の譲渡価額）との間に大きな差があるのは、前記の最高裁判決の事件（本件）と同じです。しかし、あなたの場合は、本件のような①相続時に賃貸不動産に係る借入金の残額があり、②賃貸不動産の評価額よりも借入金の残額が大きいため相続税の計算上マイナスが生じ、③②のマイナスにより、その他の相続財産の価額の合計額を大きく減じている、というような事情はありません。あなたの場合は、亡父の相続直後といってもいいような時期に不動産を譲渡していますが、相続時のその相続財産は純粋に不動産であり、「私法（民法）上は契約が成立していないまま相続が発生したとしても、亡父が相続前に譲渡交渉を具体的に進めていて、事実上買手とほぼ合意に達していた。」という事情があるわけでもありません（なお、そのような事情がある場合には、不動産ではなく譲渡代金の未収金として、合意していた譲渡価額を基に評価するということもありうるので、要注意です）。

　したがって、あなたが亡父から相続後に譲渡した財産は、あくまで相続の時点では不動産というほかなく、その譲渡は相続後のあなたの行為に過ぎません。亡父に係る相続税の計算においては、平等原則の下で相続税法22条を適用するのだから、不動産として通達評価をすべきということになるはずです。そうしないと相続税の納付のため、相続後に相続人の判断・必要性に基づき、相続した不動産を譲渡した場合（納付のためなら、申告・納付期限までに譲渡が行われるはず）には、全て譲渡価額で評価し直すということになってしまいます。そうすると納税のために譲渡せざるを得ない人を不当に不利に取り扱うことになり、平等原則にそれこそ反することになります。

　以上により、あなたは亡父に係る相続税の計算上、賃貸不動産を通達評価額により評価して問題ないと考えます。

（山崎　信義）

★★★

70 契約者変更があった生命保険契約の死亡保険金等の課税関係

Q 甲さんは、Ａ保険会社と平成30年に被保険者を子Ｂ、死亡保険金受取人を孫Ｃ（Ｂの子）とする生命保険契約を締結し（解約返戻金あり）、保険料を一時払いしました。なお、同契約については令和6年1月に契約者が甲さんから子Ｂに変更されています。この生命保険契約に係る課税関係について、以下の通りお尋ねします。

【問1】 令和6年の契約者変更時においては、どのような課税関係が生じるのでしょうか。

【問2】 令和6年の契約者変更後、甲さんが存命中に子Ｂが死亡し、孫Ｃが死亡保険金を取得した場合、どのような課税関係が生じるのでしょうか。

【問3】 令和6年の契約者変更後、子Ｂが存命中に甲さんが死亡した場合、どのような課税関係が生じるのでしょうか。

【問4】 【問3】の甲さん死亡後に子Ｂが死亡し、孫Ｃが死亡保険金を取得した場合、どのような課税関係が生じるのでしょうか。

· ·

A (1) 【問1】の場合、契約者変更時には課税関係は生じません。

(2) 【問2】の場合、甲さんから孫Ｃに贈与があったものとみなされ、Ｃに贈与税が課税されます。

(3) 【問3】の場合、Ｂが旧契約者の甲さんから生命保険契約に関する権利を相続により取得したものとみなされ、Ｂに相続税が課税されます。

(4) 【問4】の場合、被相続人かつ契約者の子Ｂが、甲さんの支払った保険料を負担したものとされ、孫ＣはＢから死亡保険金を相続により取得したものとみなされて、Ｃに相続税が課税されます。

解説

① 【問1】の課税関係

　相続税法では、被保険者の死亡により保険事故が発生した場合に、死亡保険金受取人が保険料を負担していないときは、保険料の負担者から保険金を相続、遺贈または贈与により取得したものとみなして相続税または贈与税を課税する旨を定めています（相続税法3条、5条）。

　一方、保険料を負担していない保険契約者の地位は、相続税・贈与税の課税上は財産的価値のあるものとは考えられておらず、契約者が保険料を負担している場合であっても、契約者が死亡しない限り課税関係は生じないものとしています。したがって契約者の変更があった場合、その変更時に新契約者のBに贈与税等が課税されることはありません（参考：国税庁質疑応答事例「生命保険契約について契約者変更があった場合」）。

② 【問2】の課税関係

　【問2】の場合は、その保険契約に係る保険料の全部が保険金受取人C以外の甲さんによって負担されているので、その保険事故（被保険者Bの死亡）が発生した時において、保険金受取人Cが、その取得した保険金の全額を甲さんから贈与により取得したものとみなされ、Cに贈与税が課税されます（相続税法5条第1項）。

③ 【問3】の課税関係

　【問3】の場合は、まだ保険事故（被保険者Bの死亡）が発生していない中、その保険契約に係る保険料の全額を負担した甲さんが死亡し、かつ死亡した甲さん以外の者（B）がその生命保険契約の契約者であるため、Bがその生命保険契約に関する権利（解約返戻金請求権等）を甲さんから相続により取得したものとみなされ、Bに相続税が課税されます（相続税法3条第1項第3号）。

この場合の生命保険契約に関する権利については、甲さんの相続開始の時に、その契約を解約するとした場合に支払われる解約返戻金の額により評価されます（財産評価基本通達214）。

④　【問4】の課税関係

　上記③のとおり、Bがその生命保険契約に関する権利を甲さんから相続により取得したものとみなされた場合、そのみなされた時以後は甲さんが支払った保険料はBが自ら負担したものとみなされます（相続税法基本通達3–35）。

　したがって【問4】の場合は、Bの死亡によりBが保険料の全額を負担した死亡保険金を相続人のCが取得したことになるので、CがBからの相続により死亡保険金を取得したものとみなされ、Cに相続税が課税されます（相続税法3条第1項第1号）。また［500万円×法定相続人の数］を限度額とする、死亡保険金に係る相続税の非課税規定の適用対象とされます（同12条第1項第5号）。

（山崎　信義）

★★★

71　不動産の法人化と相続税対策①

Q　個人で行っているアパート・マンション経営を法人化すると、毎年の税金や将来の税金が安くなることがあると聞きました。その概要について教えてください。

A　アパート・マンション経営の法人化とは、個人で営んでいる不動産賃貸業を法人化して、法人で不動産賃貸業を行うことをいいます。不動産賃貸業を法人化することで、所得税や相続税を節税できる可能性があります。

解説

①　所得税と法人税

(1)　法人化の概要

　個人でアパートやマンションなどの賃貸不動産を所有している場合、家賃収入は不動産所得として所得税等が課税されます。家賃収入が増えるほど、所得税等の負担が重くなる傾向にあり、融資を受けている場合には借入金の返済が厳しくなるケースもあります。そこで資産管理会社を設立し、個人で所有している賃貸不動産を法人に移転することで、家賃収入を個人ではなく、法人に帰属させることにより、以下のような理由から税負担を軽減できることがあります。

(2)　税率構造の違い

　所得税は、所得金額が大きくなるほど適用税率が高くなる超過累進税率となり、所得税率は5％ 〜 45％[※1]になります。一方、法人税は、所得金額に関係なく一定税率である比例税率となり、法人税率は23.2％（資本金1億円以下の法人等については、所得金額が年800万円以下の部分は15％）[※2]になります。所得金額が高い場合、個人では最大45％の税率が適用されますが、法人では一律23.2％の税率

が課されることになるため、法人化を行った場合には税率差によるメリットを受けられる可能性があります。

※1　個人の所得には、住民税10%、事業規模に応じて事業税5%が課されます。また、所得税額の2.1％相当の復興特別所得税が別に課されます。

※2　法人の所得には、地方法人税、法人事業税、特別法人事業税、法人道府県民税及び法人市町村民税（東京都23区は法人都民税）が課されます（実効税率は30%前後）。

(3)　給与所得控除

　個人で不動産賃貸業を行っている場合、不動産収入金額から経費を控除した金額が不動産所得になります。青色申告を行っていると、青色申告特別控除により最大65万円が不動産所得から控除されます。一方、不動産賃貸業を法人化した場合、会社から給与を支給することで、不動産所得が給与所得に変わります。給与所得は所得税の計算上、給与所得控除が認められており、給与収入から給与所得控除額を控除して計算します。給与所得控除により最大195万円を給与収入から控除することができるため、不動産所得よりも給与所得の方が所得金額は低くなるケースがあります。

(4)　所得分散

　会社の役員に同族関係者等（配偶者や子・孫など）が就任することで、これらの役員に会社から税務上適正な範囲で役員給与を支給することができます。これにより、個人オーナーが1人で受けていた家賃収入を、会社を通じて同族関係者等に分散することができます。所得税は所得金額が大きいほど段階的に税率が高くなるため、法人化により所得を分散すると、個人オーナー1人に適用されていた税率よりも適用する税率は低くなる傾向にあります。その場合には、全体で支払

う所得税等の負担を軽減することができます。

② 相続税

⑴　家賃収入

　個人で賃貸不動産を所有している場合、家賃収入が個人に蓄積されることになり、将来の相続財産が増加することに繋がります。法人化により同族関係者等に家賃収入を分散させることにより、相続財産の増加を抑制することができます。また配偶者や子などの推定相続人に役員給与を支払うことで、相続税の納税資金に充てることもできます。

⑵　相続税評価額

　不動産等の資産を個人で直接所有している場合、各資産の相続税評価額の合計額が相続税の課税対象になります。一方、その個人が出資した会社が不動産等の資産を保有している場合、その会社の株式（非上場株式）の相続税評価額が相続税の課税対象になります。非上場株式の評価方法としては、主に類似業種比準価額方式と純資産価額方式の2つがあります。類似業種比準価額方式を適用できる場合、個人が直接不動産等を保有している状況と比べ、相続税評価額が減少する場合があります。また会社の株主を最初から推定相続人等としておくことで、会社の株式を個人オーナーの相続財産の対象から外すこともでききます。

（川瀬　朋基）

72　不動産の法人化と相続税対策②

Q 私（Aさん）はアパート経営を行っており、不動産収入は5,000万円、不動産所得は3,000万円となっております。法人化を行った場合、どれくらいメリットがあるでしょうか。なお、妻は専業主婦、長男は会社員（年収400万円）です。

A Aさんが下記条件で法人化を行った場合、全体で所得税等の負担額が年間約387万円軽減すると考えられます。詳細については、解説をご参照ください。

解説

① 現状の所得税等

　Aさんは不動産所得が3,000万円あるため、所得税の限界税率は40％が適用されています。また長男は年収400万円のため、所得税の限界税率は10％が適用されています。また所得税の他、住民税10％が課されるため、それぞれの所得税等の負担額及び税負担割合^(※)は下記の通りとなります。

図1　現状の所得金額と所得税等

| | | 現　状 | | |
		Aさん	妻	長男
不動産	収入	50,000千円		
	経費等	19,350千円		
	青色申告特別控除	650千円		
	所得	30,000千円		
給与	収入	0千円	0千円	4,000千円
	所得	0千円	0千円	2,760千円
	所得合計	30,000千円	0千円	2,760千円
	所得控除	0千円		480千円
	課税所得	30,000千円	0千円	2,760千円
	所得税・住民税	12,397千円	0千円	361千円
	税負担割合	41.3%	0.0%	13.1%
	税額合計	12,759千円		

※簡易試算のため、個人事業税、社会保険料等は加味しておりません。

2 法人化後の所得税等

Aさんは資産管理会社を設立し、下記前提で法人化を行った場合、それぞれの所得税等の負担額及び税負担割合^(※)は下記の通りとなります。

〈前提〉

・Aさんが所有している賃貸アパートのうち、建物のみを会社に売却

・Aさんは賃貸アパートの敷地に係る固定資産税等の3倍相当額を会社から地代として受け取る（土地の無償返還に関する届出を提出）

・会社は役員報酬として、Aさんに月額30万円、妻に月額30万円、長男に月額20万円をそれぞれ支払う

・法人税の実効税率　年800万円以下：23.173%、年800万円超：33.583%

・法人住民税の均等割額　年70,000円

図2　法人化後の所得金額と所得税等

<table>
<tr><td colspan="2" rowspan="2"></td><td colspan="4">法人化後</td></tr>
<tr><td>Aさん</td><td>妻</td><td>長男</td><td>会社</td></tr>
<tr><td rowspan="4">不動産</td><td>収入</td><td>25,500千円</td><td></td><td></td><td>50,000千円</td></tr>
<tr><td>経費等</td><td>8,500千円</td><td></td><td></td><td>45,950千円</td></tr>
<tr><td>青色申告特別控除</td><td>100千円</td><td></td><td></td><td></td></tr>
<tr><td>所得</td><td>16,900千円</td><td></td><td></td><td>4,050千円</td></tr>
<tr><td rowspan="2">給与</td><td>収入</td><td>3,600千円</td><td>3,600千円</td><td>6,400千円</td><td></td></tr>
<tr><td>所得</td><td>2,440千円</td><td>2,440千円</td><td>4,680千円</td><td></td></tr>
<tr><td colspan="2">所得合計</td><td>19,340千円</td><td>2,440千円</td><td>4,680千円</td><td>4,050千円</td></tr>
<tr><td colspan="2">所得控除</td><td>480千円</td><td>480千円</td><td>480千円</td><td></td></tr>
<tr><td colspan="2">課税所得</td><td>18,860千円</td><td>1,960千円</td><td>4,200千円</td><td>4,050千円</td></tr>
<tr><td colspan="2">所得税・住民税</td><td>6,734千円</td><td>297千円</td><td>841千円</td><td>1,009千円</td></tr>
<tr><td colspan="2">税負担割合</td><td>35.7%</td><td>15.1%</td><td>20.0%</td><td>24.9%</td></tr>
<tr><td colspan="2">税額合計</td><td colspan="4">8,880千円</td></tr>
</table>

③ 法人化の留意点

②の前提条件で法人化を行った場合、全体で所得税等の負担額が年間約387万円軽減するという試算結果となっており、法人化の一番のメリットは所得税等の負担軽減効果にあると考えます。また配偶者や子供に役員報酬を支払うことができれば、将来の相続税の納税資金に充てることもできるので、相続対策にも活用できます。そのため、賃貸不動産を所有されている方にとっては、法人化はメリットが大きいように思えますが、もちろんデメリットもあります。法人化による不動産の移転に伴い登録免許税や不動産取得税などの移転コストが発生すること、法人の維持費用がかかること、融資を受けている場合には各金融機関に法人化に関する説明や各種手続きを行う必要があること、法人化により逆に相続税が増える可能性があることなど、デメリットについてもしっかりと検討する必要があります。上記の他にもメリットやデメリットがありますが、事例ごとに法人化の際に検討する要素が異なるため、税理士などの専門家に相談の上、慎重に判断していくことが重要です。

（川瀬　朋基）

★★★

73 相続時精算課税のデメリット①：（特定）贈与者よりも先に受贈者（相続時精算課税適用者）が死亡した場合

Q 私の父Aは、令和6年10月に死亡しました。父の相続人は私のみです。父は、平成24年に祖父Yから賃貸不動産Z（贈与時の相続税法上の評価額1億円）の贈与を受けました。父は生前、祖父からこの賃貸不動産以外の財産の贈与は受けていません。父は、その贈与にかかる贈与税について提出期限までに申告書を提出するとともに、相続時精算課税の選択届出を行い、贈与税1,500万円を納付しています。なお、父の母である祖母は既に亡くなっていますが、父に賃貸不動産を贈与した祖父Yはまだ健在です。

将来、祖父Yが亡くなった場合に、祖父にかかる相続税の計算上、父が祖父から贈与を受けた賃貸不動産の取扱いは、どのようになるのでしょうか。

....

A 相続時精算課税にかかる贈与者（以下「特定贈与者」）であるYの死亡前に、その受贈者（以下「相続時精算課税適用者」）であるAが死亡した場合は、Aの相続人であるあなたは、原則、Yが死亡した時にAの代襲相続人としてYから相続で取得した財産の価額に、Aが相続時精算課税の適用を受けたYからの贈与財産（賃貸不動産Z）のAが贈与を受けた時の価額を加えて、Yにかかる相続税額を計算します。

解説

① 特定贈与者にかかる相続税の計算

特定贈与者にかかる相続税額は、特定贈与者が死亡した時に、相続時精算課税の適用を受ける年以後に特定贈与者から贈与を受けた相続時精算課税の適用を受ける贈与財産の価額と相続または遺贈により取得した財産の価額とを合計した金額を課税価格として計算した相続税

額から、既に納めた相続時精算課税にかかる贈与税相当額を控除して算出します。(相続税法21条の15、21条の16)。相続財産と合算する贈与財産の価額は、贈与時の相続税法上の評価額となります(同法21条の15第1項、21条の16第3項)。

② 相続時精算課税適用者の有していた特定贈与者にかかる相続税の納税の権利義務の承継

(1) 国税通則法に定める相続による国税の納付義務の承継

相続(包括遺贈を含む。以下同じ。)があった場合には、相続人(包括受遺者を含む。以下同じ。)は、原則としてその被相続人(包括遺贈者を含む。以下同じ。)に課されるべき、またはその被相続人が納付し、徴収されるべき国税(筆者注:相続税に限りません。)を納める義務を承継します(国税通則法5条第1項)。

上記の場合において相続人が2人以上あるときは、各相続人が同項前段の規定により承継する国税の額は、同項の国税の額を民法の法定相続分・代襲相続人の相続分・遺言による相続分の指定にかかる相続分により按分して計算した額とされます(同第2項)。また、その相続人のうちに相続によって得た財産の価額が上記により計算した国税の額を超えるものは、その超える価額を限度として、他の相続人が上記の規定により承継する国税を納付する義務を負います(同第3項)。

(2) 相続時精算課税適用者の有していた、特例贈与者の相続税の納税にかかる権利義務の承継

上記(1)の国税通則法の一般的な承継規定を前提に、それだけではカバーしきれないこととして、相続税法では相続時精算課税適用者が死亡した場合、その相続人が相続時精算課税適用者の有していた相続税の納税にかかる権利義務を承継する規定が設けられています。

すなわち特定贈与者の死亡以前に、その特定贈与者にかかる相続時

精算課税適用者が死亡した場合、その相続時精算課税適用者の相続人は、その相続時精算課税適用者が有していた相続時精算課税の適用を受けたことによる相続税の納税にかかる権利または義務を承継します（相続税法21条の17第1項）。なお、相続人が複数いるときは、(1)の後段の取扱いが準用されます（同第3項）。

　ただし、その相続人のうちに特定贈与者がある場合には、その特定贈与者は、その相続時精算課税適用者の有していた納税にかかる権利または義務を承継しません（同ただし書）。

③　本問へのあてはめ

　本問の場合、相続時精算課税適用者Aの相続人であるあなたは、前述①より、特定贈与者であるYの死亡時に、その相続税の納税義務をAから承継します。Yの死亡時において、あなたは、①AがYから贈与を受けた相続時精算課税の適用を受ける賃貸不動産Zの価額（Aが贈与を受けた時の相続税法上の評価額1億円）と、②あなたがAの代襲相続人としてYから相続または遺贈により取得した財産の価額とを合計した金額を課税価格として計算した相続税額から、既にAが納めた相続時精算課税にかかる贈与税相当額1,500万円を控除した額の相続税の納税または還付を受けることになります。

　なお、Aの死亡時にあなたが相続を放棄し、祖父YがAの相続人となる場合、相続時精算課税適用者であるAの相続人が特定贈与者のYのみとなり、前述②(2)のただし書より、YはAの有していた相続時精算課税の適用に伴う権利または義務を承継しません。よって、この場合、YはAにかかる相続税の計算上、AがYから贈与を受けた賃貸不動産を加算する必要はありません（相続税法基本通達21の17−3）。

（山崎　信義）

74　相続時精算課税のデメリット②：適用財産が無価値になった場合の特定贈与者にかかる相続税の計算

Q　甲さんは令和6年6月に死亡しました。甲さんは遺言を作成しておらず、相続人である長男と次男が協議した結果、次男がその財産（相続時の相続税法上の評価額5,500万円）を相続し、債務および葬式費用500万円を負担しました。

　甲さんはかつて㈱Xの代表取締役でしたが、平成25年10月に後継者である長男にX社株式（贈与時の相続税法上の評価額1億円）を全て贈与し、長男はその贈与を受けたX株式にかかる贈与税について相続時精算課税を選択して、贈与税1,500万円（＝[1億円－2,500万円]×20％）を納付しています。しかし、X社はその贈与から9年後の令和4年12月に経営破綻し、清算しています。

　上記の場合、甲さんにかかる相続税につき長男と次男が納付すべき税額はどのように計算するのでしょうか。

A　個人が贈与を受けた財産（本問ではX社株式）にかかる贈与税につき、相続時精算課税を選択した場合には、その贈与者（後述②の「特定贈与者」。本問では甲さん。）の相続開始時までに価値がゼロとなったときであっても、その贈与時の評価額（本問では1億円）が課税価格計算に加えられて、被相続人（＝特定贈与者）にかかる相続税の総額（後述③③）が計算されます。

解説

1　相続時精算課税の概要

　相続時精算課税は、その年の1月1日時点で18歳以上である個人が、その年の1月1日時点で60歳以上である父母または祖父母から財産の贈与を受けた場合に、贈与税の申告期限までに「相続時精算課税選択届出書」その他一定の書類を贈与税の申告書に添付して納税地

の所轄税務署長に提出したときに選択できる税制です（相続税法21条の9等。なお、その相続時精算課税選択届出書を提出した者を、「相続時精算課税適用者」といいます）。

② 特定贈与者に係る相続税の計算

相続時精算課税適用者である長男は、特定贈与者（本問では甲さん）からの贈与により取得した財産で相続時精算課税の適用を受けたもの（本問ではX社株式）を、特定贈与者（＝甲さん）から相続により取得したものとみなされます。そして、その財産の課税価格は、その贈与時の評価額です（相続税法21条の15第1項、21条の16第3項）。本問の場合、甲さんの死亡時にはX社は既になく、長男のX社株式は消滅していますが、その贈与時の評価額1億円を基に相続税を計算することになります。

相続時精算課税適用者（本問では長男）が既に納めた相続時精算課税にかかる贈与税相当額は、その相続税額から控除されます（同法21条の15、21条の16）。この場合、相続税額から控除しきれない相続時精算課税にかかる贈与税相当額は、相続税の申告により還付を受けることができます（同法27条第3項、33条の2第1項）。

③ 本問へのあてはめ：長男と次男の相続税の計算

前述②に基づき、甲さんにかかる相続税の計算を示すと次のとおりとなります。

① 長男の課税価格

　1億円（甲さんから贈与を受けた時のX社株式の評価額）

② 次男の課税価格

　5,500万円（甲さんの相続財産）－500万円（甲さんの債務）
　＝5,000万円

③ **相続税の総額の基になる税額の計算**

長男分：{（①＋②）－4,200万円（基礎控除）}×1/2×30%

－700万円＝920万円（次男分も同じ）

∴相続税の総額＝920万円×2人＝1,840万円

④ **長男の相続税額**

1,840万円×［①÷（①＋②）］(0.67)＊－1,500万円（相続時精算課税分の贈与税額）＝△2,672,000円（還付）

⑤ **次男の相続税額**

1,840万円×［②÷（①＋②）］(0.33)＊＝6,072,000円

＊財産の取得割合は小数点第3位以下を四捨五入。

4 **留意点**

　個人が贈与を受けた財産にかかる贈与税につき相続時精算課税を選択した場合、その財産がX社株式のように贈与者の相続開始時までに消滅したり価値がゼロになったときであっても、その贈与時の評価額（本問のX社株式の場合は1億円）を基づいて、特定贈与者にかかる相続税の総額（上記3③）は計算されます。この結果、相続時精算課税適用者（長男）の相続税額だけでなく、他の相続人（次男）の相続税額にも影響を与えることになりますので、留意が必要です。

（山崎　信義）

★★★

75　相続時精算課税のデメリット③：適用財産の課税漏れ と特定贈与者にかかる相続税の計算

Q 　㈱Xの前代表取締役の父は、平成25年10月に後継者である私にX社株式（贈与時の相続税法上の評価額1億円）を全て贈与し、私はその贈与を受けたX社株式にかかる贈与税について相続時精算課税を選択して、贈与税の申告と1,500万円（＝［1億円－2,500万円］×20％）の納税を行いました。令和5年3月に父が死亡し、相続人の私が父の全財産を相続して父にかかる相続税の申告を期限内に行いましたが、令和6年のY税務署の相続税調査により、平成27年12月に父から私へ現金100万円の贈与があったことが判明しました。私はその贈与により取得した現金について平成27年分の贈与税の申告を行っておらず、また父にかかる相続税の計算にも含めていません。

　上記の場合において、父にかかる相続税の計算上、平成27年に私が贈与を受けた現金100万円は、どのように取扱われるのでしょうか。

....

A 　平成27年にあなたが父から贈与を受けた現金100万円は、相続時精算課税の適用を受ける贈与財産であることから、贈与税の申告や課税の有無には関係なく、父にかかる相続税の計算上、相続財産と合算されます。

解説

① 相続時精算課税の概要

　相続時精算課税は、その年の1月1日時点で18歳以上である個人が、その年の1月1日時点で60歳以上である父母または祖父母から財産の贈与を受けた場合に、贈与税の申告期限までに「相続時精算課税選択届出書」その他一定の書類を贈与税の申告書に添付して納税地

の所轄税務署長に提出したときに選択できる税制です（相続税法21条の9等）。

　なお、「相続時精算課税選択届出書」を提出した場合はその撤回はできず（相続税法21条の9第6項）、その届出書を提出した者（相続時精算課税適用者）は、その贈与者から贈与を受ける財産につき、その選択をした年分以降全て相続時精算課税が適用されます。

② 相続時精算課税の贈与者が死亡した場合の相続税

　相続時精算課税の贈与者（「特定贈与者」・本問では「父」）が死亡した場合、相続または遺贈により財産を取得した相続時精算課税適用者（本問では「あなた」）の相続税額は、その死亡の時までに特定贈与者から贈与を受けた相続時精算課税の適用を受ける贈与財産の評価額（贈与時の価額）と相続または遺贈により取得した財産の評価額とを合計した金額を基に相続税額を計算します。この場合、相続時精算課税の適用を受ける財産に課せられた贈与税（相続税法36条第1項または第2項の規定により更正または決定をできなくなった贈与税を除く。）を控除して相続税額を算出します（同法21条の15、21条の16、相続税法基本通達21の15-3）。

　なお、相続時精算課税の適用年分以後の特定贈与者からの贈与により取得した財産の価額は、贈与税の申告（課税）が行われたかどうかにかかわらず、そのすべてが相続税の課税価格に算入されます（相続税法21条の15第1項、21条の16第1項、相続税法基本通達21の15-1およびその解説）。

③ 本問へのあてはめ

　あなたは、平成25年の父からのX社株式の贈与につき相続時精算課税選択届出書を提出していることから、②より平成27年の父から贈与を受けた現金100万円は、相続時精算課税の適用を受ける贈与財

産に該当します。令和6年時点では平成27年分の贈与税の決定の期限（相続税法36条により原則としてその年分の贈与税の申告期限から6年を経過する日＝令和4年3月15日、偽りその他不正の行為によりその全部または一部の税額を免れた等の場合の贈与税は、その年分の贈与税の申告期限から7年を経過する日＝令和5年3月15日）を過ぎており、平成27年のあなたが父から贈与を受けた現金100万円については贈与税の課税（決定を受けること）はされませんが、上記2のなお書のとおり父にかかる相続税の課税価格に加算されます。

　なお、この贈与を受けた現金につきあなたが課されるべき贈与税20万円（＝100万円×20％）は、平成27年分の贈与税の上記の決定の期限を過ぎて決定できなくなっているため、2の下線部より、「課せられた贈与税」に含まれず、よって父にかかる相続税の計算上は控除することはできません（相続税法基本通達21の15−3かっこ書）。

（山崎　信義）

76 相続財産を市町村に贈与（寄附）した場合の税務上の取扱い（ふるさと納税）

Q 私の父は、令和6年2月に死亡しました。父の相続人は私1人のみです。父は生前、自分の財産の一部を出身地のA県B市に寄附するつもりでしたが、その実行の前に急死してしまいました。私は父の遺志を継いで、相続した預貯金の一部をB市に寄附するつもりです。なお、私の住所地はC県D市であり、B市には居住していません。

相続した財産を市町村に寄付した場合、被相続人にかかる相続税等が軽減される制度があると聞きましたが、具体的な内容について教えてください。

A 本問の場合には、一定の要件を満たすことにより寄附した預貯金にかかる相続税が非課税とされる特例（後述①）と、寄附した金額に応じてその相続人の所得税と個人住民税が減額される税制（後述②）が設けられています。

解説

① 市町村に対して相続財産を贈与（寄附）した場合の相続税の非課税

　個人が相続または遺贈（以下「相続等」）により財産を取得した場合、相続税が課税されるのが原則です。ただし、相続等により財産を取得した個人が、その取得した財産を、その取得後その相続等にかかる相続税の期限内申告書の提出期限（相続開始のあったことを知った日の翌日から10か月を経過する日）までに国または地方公共団体（都道府県・市町村）や公益を目的とする事業を行う特定の法人に贈与（寄附）をした場合には、その贈与により贈与をした者またはその親族その他これらの者と特別の関係がある者の相続税または贈与税の負担が不当に減少する結果となると認められる場合を除き、その贈与をした

財産の価額は、その相続等にかかる相続税の課税価額計算の基礎に算入されません（租税特別措置法70条第1項）。

　この特例の適用を受けるためには、その適用を受けようとする者の相続税の申告書に、この規定の適用を受けようとする旨を記載し、かつ、その贈与をした財産の明細書その他一定の書類を添付する必要があります（同第5項）。

② 市町村に寄附をした場合の所得税と住民税の特例

（1）　所得税の取扱い（寄附金控除［所得控除］）

　個人が地方公共団体に寄附金（いわゆる「ふるさと納税」）を行った場合、所得税の計算上、その寄附金の合計額（寄附した者に特別の利益が及ぶと認められるものを除く。以下同じ。）は特定寄附金に該当し、寄附金の額（総所得金額等の40％相当額が限度）から2,000円を控除した金額が、寄附金控除（所得控除）として、寄附をした年の所得税の課税所得の計算上控除されます（所得税法78条）。

　本問のように、相続人が相続により取得した財産から寄附した場合も同様です。

（2）　個人住民税の取扱い（寄附金税額控除）

　個人が市町村に寄附金を行った場合、次の①と②の合計額が、住民税の所得割の額から控除されます（地方税法37条の2、314条の7）。

---

① 　{寄附金（総所得金額等の額の30％相当額を限度。以下同じ。）
　　－2,000円}×10％

② 　（寄附金－2,000円）×地方税法に定める一定の割合*
　　（住民税の所得割の額の20％が限度）

＊一定の割合＝100％－10％（上記①）－所得税および復興特別所
　得税の税率

---

(1)と(2)の適用を受けることにより、あなたがB市に対し寄附金を行った場合、支出した寄附金の額から2,000円を差引いた金額については、所得税および住民税の所得割の額から控除されます。見方を変えれば、あなたがB市に寄附金を行うことにより、その全額がB市の歳入増となる一方、その寄附金の額から2,000円を差引いた金額については、国とあなたの住所地であるC県およびD市の歳入減となります。

ただし、②の金額は住民税の所得割の額の20%相当額が上限のため、多額の寄附を行うと寄附金から2,000円を差引いた金額のうち、住民税の所得割の額から控除されない額が生じるので注意が必要です。

③ 手続き

個人が市町村（自治体）に寄附金を行った場合に、上記②(1)の寄附金控除や(2)の寄附金税額控除の適用を受けるためには、原則としてその寄附を行った年分の所得税の確定申告書または住民税の申告書に寄附先の領収書等を添付して、納税地の所轄税務署長または住所地の市区町村長に提出する必要があります（所得税法120条第3項、地方税法45条の2、317条の2）。

ただし、確定申告を不要とされる給与所得者等は、寄附を行う際に寄附先に一定の申請書を提出することにより、原則として、所得税の確定申告書または住民税の申告書を提出しなくても、住民税の計算上、②(2)の寄附金税額控除の適用を受けることができます。これを「ふるさと納税ワンストップ特例制度」といいます。[注]

（注）ふるさと納税ワンストップ特例制度の適用を受ける場合には、所得税からの控除は発生せず、自治体に寄附を行った翌年の6月以降に支払う住民税の控除という形で控除が行われます。

（山崎　信義）

77 一般社団・財団法人等に対する財産の譲渡による相続対策

Q 　一般社団・財団法人等に対する財産の贈与（寄附）による相続税対策とはどのような方法でしょうか。

A 　富裕層の相続財産を減らす一つの方法として一般社団・財団法人を活用する方法があります。社団法人・財団法人は旧民法の時代においては、設立するのが非常に困難であり、これを利用して相続対策をすることは容易ではありませんでした。しかし平成20年12月より新しい公益法人制度がスタートし、社団・財団法人の設立が容易になりました。資産を新しい一般社団・財団法人に贈与（寄附）することによって、個人の相続財産を減らし、相続税の軽減も受けられる可能性が広がりました。

解説

　昔から、事業承継・相続対策の一環として、富裕層が所有する自社株式を旧民法によって設立された社団・財団法人へ寄附するといった事例は多くありました。その理由は、個人から旧社団・財団法人に対して財産を寄附した場合に一定の要件を充足すれば、寄附した個人、寄附を受けた社団・財団法人の双方で課税が生じずに、将来発生する相続税を軽減することができたからです。

　しかし、以前は社団・財団法人を設立するのに主務官庁（たとえば文部科学省のような省庁）の許可が必要であり、容易ではありませんでした。そのため、誰もが取りうる対策というわけではありませんでした。

　ところが、平成20年12月に新たな公益法人制度がスタートし、公益法人の設立と公益性の判断が分離されることで、社団や財団法人を設立することが容易になりました。これにより相続対策に活用することのできる制度として非常に有用な制度となったのです。

　例えば土地資産家が所有する不動産を新しく設立された一般社団・

財団法人に寄附する場合には、みなし譲渡課税の問題（所得税法59条第1項第1号）があります。これは、個人から法人に無償による財産の譲渡がなされた場合に、その時における価額に相当する金額（時価）により、これらの財産の譲渡があったものとみなして、寄附者に対して、譲渡所得等の課税が行われるというものです。この課税をクリアする方法として「国等に対して財産を寄附した場合の譲渡所得等の非課税承認」（租税特別措置法40条第1項）という規定があり、一定の要件を満たせば非課税となります。

　これは、民間の担う公益活動を促進する観点から、公益法人等に対する財産の贈与につき、一定の要件を満たすものとして国税庁長官の承認を受けた時は、国または地方公共団体に対する財産の贈与と同様に、みなし譲渡課税を行わないこととする特例です。この特例の適用を受けるための所定の要件の概要を整理すると以下のとおりになります。

要件1	「公益増進要件」 公益法人等に対するその財産の寄附が、教育または科学の振興、文化の向上、社会福祉への貢献その他公益の増進に著しく寄与すること
要件2	「事業供用要件」 寄附財産が、寄附があった日から2年を経過する日までの期間内に受贈法人の公益目的事業の用に供され、または供される見込みであること
要件3	「不当減少要件」 寄附をすることにより、寄附した人の所得税の負担を不当に減少させ、または寄附した人の親族その他これらの人と相続税法第64条第1項に規定する特別の関係がある人の相続税もしくは贈与税の負担を不当に減少させる結果とならないと認められること。

　上記の要件を満たすものとして、国税庁長官の承認を受けるためには、財産の贈与者が所定の申請書類を所轄の税務署に提出し、適用要件を満たしているかどうかについて審査を受けることになります。

（平松　慎矢）

★★★

78　配偶者が遺産分割前に死亡している場合の配偶者に対する相続税額の軽減の適用

Q　甲さん・乙さん夫婦は、令和6年5月に夫の甲さん、同6月に妻の乙さんが相次いで死亡しました。甲さん夫婦の親族関係は下図の通りです。甲さんにかかる遺産分割協議前に乙さんが亡くなったことから、甲さんの（乙さん以外の）相続人であるAさんと、甲さんおよび乙さんの相続人であるBさんとCさんが協議した結果、甲さんにかかる相続税と乙さんにかかる相続税がトータルで少なくなるように、甲さんにかかる相続財産を乙さんとAさんが相続し、その後で乙さんにかかる相続財産をBさんとCさんが取得することにしました。

　相続人のAさん、BさんおよびCさんが上記のような遺産分割を考えたのは、甲さんにかかる相続税の計算上、「配偶者に対する相続税額の軽減（相続税法19条の2）」の適用が受けられるはずという理解が前提になっています。本件のように、甲さんの遺産分割協議が行われる前に乙さんが死亡している場合であっても、甲さんと乙さんの相続人であるAさん、BさんおよびCさんの間で合意があれば、乙さんが甲さんの相続財産を取得したものとして、配偶者に対する相続税額の軽減の適用を受けることができますか。

（親族関係図）

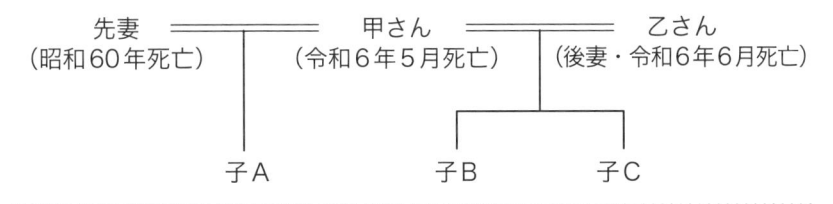

A　甲さんの相続人であるAさんと、乙さんの相続人であるBさんおよびCさんの合意により、甲さんの相続につき甲さんの後に死亡した配偶者（乙さん）の取得資産を確定させていることから、

甲さんにかかる相続税の計算上、配偶者に対する相続税額の軽減の適用を受けることができます（相続税法基本通達19の2–5）。

解説

① 配偶者に対する相続税額の軽減の概要

「配偶者に対する相続税額の軽減」（相続税法19条の2第1項）では、被相続人の配偶者が相続または遺贈により実際に取得した相続財産額（債務控除後の課税価格）が、①配偶者にかかる法定相続分相当額または、②1億6,000万円のいずれか大きい金額以下である場合は、配偶者が納付すべきこの特例の適用前の相続税額が減額されゼロになるしくみです。ただし、その財産には、未分割の相続財産は原則として含まれません（同第2項）。

② 配偶者が遺産分割前に死亡している場合における「配偶者に対する相続税額の軽減」の適用

配偶者に対する相続税額の軽減は、上記①の通り「被相続人の配偶者が相続または遺贈により実際に取得した相続財産額（債務控除後の課税価格）」を基礎として計算され、未分割の財産については原則として適用されません。このため、本問のように被相続人（甲さん）の配偶者（乙さん）が遺産分割協議前に死亡していた場合は、厳密にいえば乙さんは甲さんにかかる財産を遺産分割によって取得することは不可能であり、乙さんについて配偶者に対する相続税額の軽減は適用されないことになります。しかし、このような取扱いは、配偶者が遺産分割の確定により財産を取得した後に死亡した場合に比べて、相続税の計算上著しく不公平な結果をもたらします。

そこで、国税庁では相続税法基本通達19の2–5により、被相続人の相続財産を直接取得する相続人と、死亡した配偶者の相続人が、遺産分割協議により、その死亡した配偶者の取得財産を確定させた場合は、その確定させた財産は死亡した配偶者が実際に取得したものとし

て、配偶者に対する相続税額の軽減を適用する取扱いをしています。

③　結　論

　本問の場合は、被相続人（甲さん）の相続に際し、甲さんの（死亡した）配偶者以外の相続人（Aさん）と、乙さんの死亡に基づく相続にかかる相続人（BさんとCさん）が協議の上、甲さんの相続にかかる乙さんの取得財産を確定させているので、甲さんにかかる相続税の計算上、乙さんの取得財産として確定させた財産につき配偶者に対する相続税額の軽減が適用されます（参考：大蔵財務協会「令和6年版相続税法基本通達逐条解説」340頁〜341頁）。

（山崎　信義）

79　更正の請求による相続税の還付

Q　私は先日、亡父の相続税の申告と納税をしましたが、その後、土地評価を誤って過大に計算したことにより、相続税を納めすぎたことに気づきました。納めすぎた税金の還付を受けたいのですが、その手続きについて教えてください。

....

A　本問のように納めすぎた相続税の還付を受けようとする場合には、下記①の国税通則法の規定に基づき、法定申告期限から5年以内に税務署長に対して更正の請求を行うことが必要です。

　なお、あなたのケースでは該当しませんが、国税通則法および相続税法では、法定申告期限から5年を経過した後であっても、特段の事情が生じた場合には更正の請求を認める特則が設けられています。これについても後述②で説明をします。

<hr>解説</hr>

①　国税通則法上の相続税の更正の請求

　相続税の申告書を提出した人が、その申告書に記載した課税価格や税額等の計算について、相続税法等の規定に従っていなかったこと、または計算に誤りがあったことにより、相続税を納めすぎたときは、法定申告期限から5年以内に限り、税務署長に対し、その申告にかかる課税価格または相続税額等につき減額更正の請求をすることができます（国税通則法23条第1項）。

　更正の請求をする場合には、その請求にかかる更正前の課税価格または税額等、更正後の課税価格または税額等、その更正の請求をする理由、その請求をするに至った事情の詳細その他参考となるべき事項を記載した更正請求書に、更正の請求の理由の基礎となる「事実を証明する書類」を添付のうえ、税務署長に提出しなければなりません（同条第3項、同法施行令6条第2項後段）。

② 更正の請求の特則

　法定申告期限から5年を経過した後であっても、次のような特段の事情が生じた場合には、更正の請求により相続税の還付を受けることができます。

(1) 国税通則法上の特例

　法定申告期限から5年経過後であっても、例えば次の事由に該当する場合、その事由が生じた日の翌日から起算して2か月以内に限り、税務署長に対し更正をすべき旨の請求ができます（国税通則法23条第2項、同法施行令6条第1項）。

①　課税価格または税額等の計算の基礎となった事実に関する訴えについての判決（判決と同一の効力を有する和解等を含む）により、その事実が当該計算の基礎としたところと異なることが確定したとき。

②　申告等をした者に帰属するものとされていた相続財産等が、他の者に帰属するものとする当該他の者にかかる国税の更正または決定があったとき。

③　その申告、更正または決定にかかる課税価格または税額等の計算の基礎となった事実にかかる国税庁長官が発した通達に示されている法令の解釈その他の国税庁長官の法令の解釈が、更正または決定にかかる審査請求もしくは訴えについての裁決もしくは判決に伴って変更され、変更後の解釈が国税庁長官により公表されたことにより、その課税価格または税額等が異なることとなる取扱いを受けることとなることを知ったこと。

(2) 相続税法上の特例

　相続の特殊性から上記(1)の他、相続税の申告書を提出した者または決定を受けた者が、例えば次のいずれかに該当する事由により、その

課税価格や相続税額が過大となったときは、その事由が生じたことを知った日の翌日から4か月以内に限り、税務署長に対し更正の請求ができます（相続税法32条、同法施行令8条第1項、第2項）。

① 未分割財産につき民法に規定する相続分または包括遺贈の割合に従って課税価格が計算されていた場合に、その後当該財産の分割が行われ、共同相続人または包括受遺者が当該分割により取得した財産にかかる課税価格が、当該相続分または包括遺贈の割合に従って計算された課税価格と異なることとなったこと。

② 民法に規定する認知、相続人の廃除またはその取消しに関する裁判の確定、相続の回復、相続の放棄の取消しその他の事由により相続人に異動を生じたこと。

③ 遺留分侵害額の請求に基づき支払うべき金銭の額が確定したこと。

④ 遺贈にかかる遺言書が発見され、または遺贈の放棄があったこと。

⑤ 相続もしくは遺贈または贈与により取得した財産についての権利の帰属に関する訴えについての判決があったこと、その他一定の事由が生じたこと。

⑥ 相続税の期限内申告書の提出期限において未分割であった財産が分割されたことにより、その分割に基づき配偶者の税額軽減の規定を適用して計算した相続税額が、その時前において配偶者の税額軽減の規定を適用して計算した相続税額と異なることとなったこと（①に該当する場合を除く）。

（山崎　信義）

★★★

80　相続により取得した株式と、これ以外の同一銘柄の株式を有する場合の相続税の取得費加算特例

Q 私は、令和6年10月に保有するA社株式（上場株式）2,000株のうち1,000株を証券市場で譲渡しました。私は、A社株式1,000株を平成30年1月に亡父より相続した際に相続税を納税していることから、A社株式の譲渡にかかる所得税の譲渡所得の金額の計算上、租税特別措置法（措法）39条の「相続税の取得費加算特例」の適用を受けようと考えています。ただ、私は亡父からの相続前にすでにA社株式1,000株を証券市場において購入しており、今回の譲渡が相続前に購入した株式の譲渡とされると、特例の適用が受けられないのではないかと心配しています。私のように、相続等により株式を取得した個人が、相続前よりその株式と同一銘柄の株式を有している場合に、相続後にこれらの株式の一部を譲渡したときは、相続税の取得費加算特例の適用を受けることができますか。

A 租税特別措置法通達（措通）39−12より、あなたが譲渡したA社株式1,000株については、その株式にかかる譲渡所得の金額の計算上、相続税の取得費加算特例（以下「本特例」）の適用が認められます。

解説

① 本特例の概要

相続または遺贈等（以下「相続等」）により財産を取得した個人が、相続開始のあった日の翌日から3年10か月以内に、その相続税の課税価格の計算の基礎に算入された財産を譲渡した場合は、確定申告を要件に取得費に次の算式により計算した金額が加算されます。本特例の適用を受けることにより、相続税のうち取得費に加算された金額だけ譲渡所得の金額が少なくなるので、結果として課税される譲渡所得

の金額が小さくなります（Q59参照）。

② 相続等により株式を取得した個人が、その株式と同一銘柄の株式を他に有する場合に、これらの株式の一部を譲渡したときの本特例の適用

　表題のケースでは同一銘柄のため、相続等により取得した株式と相続前より保有する株式が混ざってしまい、どちらの株式を譲渡したのかはっきりしないことから、その株式の譲渡について本特例をどのように適用するのかが問題となります。この点については、法令上特段の規定がされていませんが、所得税基本通達（所基通）33-6の4は、同一銘柄の株式のうちの一部を譲渡した場合、譲渡所得にかかる所得税の計算については、「先に取得したものから順次譲渡したもの（＝先入先出法）として取り扱う」こととしています。このため、この通達の取扱いとの整合性を考慮して、本特例の適用においても先入先出法により判定すべきという考え方もできます。

　しかし、国税庁は措通39-12により、相続人が相続等により取得した株式とこれ以外の同一銘柄の株式を有する場合に、これらの株式の一部を譲渡したときは、本特例の適用においては、<u>相続により取得した株式から優先的に譲渡したものとして取扱う</u>ことを認めています。国税庁がそのような取扱いを認める理由について、大蔵財務協会「令和4年版　譲渡所得・山林所得・株式等の譲渡所得等関係　租税特別

措置法通達逐条解説」1324頁〜1325頁は次の説明をしています。

① 同一銘柄の株式は、相続財産であっても相続人固有の財産であっても資産としての性質は同一であり、どちらかを譲渡したとしてもこれを区別して特例の適用を判定する合理性は乏しく、相続等により取得した株式を譲渡したことが明らかであることを条件に、特例の適用を認めることは現実的ではないこと。

② 所基通33-6の4の先入先出法による取扱いは、譲渡した株式につき、譲渡の日前5年以内に取得したものか否かの区分（所得税法33条第3項）が判然としない場合に譲渡所得の長期・短期の区分を納税者有利に取扱うものであり、この取扱いを本特例に準用した結果、納税者にとって不利になるとすれば問題であること[注]。

（注）現在、株式の譲渡にかかる譲渡所得は一部の例外を除き、所得税法33条によらず、株式の保有期間の長短にかかわらず分離課税とされ（租税特別措置法37条の10、37条の11）、課税上の違いはないことから、株式の譲渡にかかる譲渡所得の上記の区分は不要です。株式の譲渡にかかる譲渡所得の計算上、所基通33-6の4の取扱いを活用する機会はなく、よって本特例の適用に際して同通達の取扱いを引き合いに出して論ずることには説得力がないといえます。

以上により、あなたが譲渡したA社株式1,000株については、相続した株式1,000株から優先的に譲渡したものとして取り扱われるので、その譲渡所得の金額の計算上、本特例の適用が認められます。

（山崎　信義）

81　家族名義の預金について裁判で「被相続人の財産」と認定された事例①

Q　家族（相続人）名義となっている預金であっても、相続税の税務調査で「被相続人の財産」と認定され、その後の裁判でも同じ認定がされて、相続税の課税対象とされた事例があると聞きました。家族（相続人）名義となっている預金が「被相続人の財産」か否かの判断基準として裁判例で示されたもののうち、一般性があると思われるものについて説明してください。

A　家族（相続人）名義となっている預金が「被相続人の財産」か否かについて、裁判例では、その預金の名義や管理・運用の事実だけでは決定できず、原資の提供者と名義人の関係、原資提供者の心情の合理的推定を中心に、贈与税の申告の有無等も考慮のうえ判断されています。

解説

①　はじめに

　国税庁発行のパンフレット「相続税の申告のしかた（令和6年分）」に、次のQ&Aがあります。

> 問：父（被相続人）の財産を整理していたところ、家族名義の預金通帳が見つかりました。この家族名義の預金も相続税の申告に含める必要があるのでしょうか。
>
> 答：<u>名義に関わらず、被相続人が取得等のための資金を拠出していたことなどから被相続人の財産と認められるものは相続税の課税対象となります。</u>したがって、被相続人が購入（新築）した不動産でまだ登記をしていないものや、被相続人の預貯金、株式、…等で家族名義や無記名のものなども、相続税の申告に含める必要があります。（下線は筆者）

家族名義となっている財産でも、「被相続人の財産」は相続税の課税対象だということです。次の②で、「被相続人の財産」か否かが問題になる家族名義の財産の帰属は、どのように判断されるのか、最も一般的な家族名義の預金が問題になった裁判例により確認します。

② 平成20年10月17日東京地裁判決

(1) 判決の概要

表題の判決では、被相続人の妻名義の預金（「本件預金」）が、「被相続人の財産」か否かが争われました。相続人側は、本件預金は、被相続人から生前に妻に贈与されたもので「被相続人の財産」ではないと主張していましたが、税務署はそれを認めず「被相続人の財産」であるとして更正したために訴訟になりました。

(2) 裁判所の一般的な判示事項

裁判所は、被相続人以外の者の名義である財産が相続開始時において被相続人に帰属するものであったか否かの判断につき、「①その財産の取得原資の出捐者、②その財産の管理及び運用の状況、③その財産から生ずる利益の帰属者、④被相続人とその財産の名義人並びにその財産の管理及び運用をする者との関係、⑤その財産の名義人がその名義を有することになった経緯等を総合考慮して判断する」べし、と判示しました。

(3) 財産の名義

裁判所は、要旨「一般的には、財産の名義は、財産の帰属の判定の重要な一要素となり得る。しかし、我が国においては、夫が自己の財産を、自己の扶養する妻名義の預金等の形態で保有するのも珍しいことではないことは公知の事実であるから、本件預金の帰属の判定において、妻名義であることの一事をもって妻の所有であると断ずること

はできない」と判示しました。

⑷ 本件預金の管理・運用状況

裁判所は、本件預金について、妻が自ら管理・運用していたことは認め、一般に、財産の帰属の判定において、財産の管理及び運用を誰がしていたかということは重要な一要素となり得る、としながらも、「夫婦間においては、妻が夫の財産について管理及び運用をすることがさほど不自然とはいえないから、これを殊更重視することはできず、その他の事情をも考慮すると、妻が本件預金の管理及び運用をしていたことが、本件預金が夫ではなく妻に帰属するものであったことを示す決定的な要素とはいえない」と判示しました。

⑸ 本件預金の名義人が妻であることになった背景・経緯と本件預金の取得資金の出捐者等

裁判所は、夫は、妻に全財産を相続させる旨の遺言書を作成し、知人に自分の死後の妻の生活を心配している旨の手紙を書いていること、原告（先妻の子供）らと妻の間の関係は険悪なものであったことを認定しました。裁判所は、被相続人の遺言の内容や心配していたこと等について、そう認定したことに続けて、本件預金の原資はいずれも夫が出したものであることも認定しました。その上で、要旨「夫と妻の年齢差も考慮すると、夫は妻の生活について金銭面で心配を有していたものの、その心配は、主として自分の死後のことであり、夫が、自分の死後に妻が金銭面で不自由をしないよう、本件遺言書の作成とは別に、自己の財産（本件預金）を妻名義にしておこう（筆者注：それにより、夫の死後、妻が生活資金を本件預金から引出すに当たり、不仲の相続人の協力が必要な名義変更の手続きが不要となる。）と考えたとしても、不自然ではない。」と判示しました。さらに、「実際に妻に生前贈与した不動産の持分については、妻がX税務署長に対して

贈与税の申告を提出していたのに、本件預金については贈与税の申告をしていないことも考慮」し、夫が本件預金の原資を妻に生前贈与したものと認めることはできない（＝本件預金は夫の財産）と結論付けました。

③　まとめ

「被相続人の財産」か、それとも生前贈与によるものかは、その財産の名義や管理・運用の事実だけでは決定できず、原資の提供者と名義人の関係、原資提供者の心情の合理的推定を中心に、贈与税の申告の有無等も考慮され判断されるといえます。

（吉濱　康倫）

★★★

82 家族名義の預金について裁判で「被相続人の財産」と 認定された事例②

Q 家族（相続人）名義の預金について、「被相続人から生前に贈与を受けたものである」という相続人の主張が裁判で認められず、「被相続人の財産」と認定され、相続税の課税対象とされた事例があると聞きました。その相続人の主張が認められなかった理由について説明してください。

A その預金の管理・処分の権限が一貫して被相続人にあり、名義人（相続人）が預金を自由に引き出して使った事実がなく、または自由に引き出せる状況にもなかったことを理由に、預金の真の所有者が被相続人であると認定された裁判例（東京地裁・平成26年4月25日）があります。以下の解説で、この裁判の判決の概要を説明します。

解説

① 裁判の概要

この裁判は、相続税の申告書で亡A（平成21年に死亡）の相続財産として申告をした預金のうち、相続人の一人である原告（亡Aの長女）および原告の子らの名義の預金（本件預金）について、亡Aから名義人（＝原告ら）が生前に贈与を受けたもので、亡Aの相続財産ではなかったとして、原告が更正の請求（税務署に対する税額の減額申請）をしたところ、税務署から減額の理由がない旨の通知処分を受け、それを不服として裁判に至ったものです。争点は、本件預金につき、上記下線部分のこと（贈与者に贈与の意思があり、受贈者にもそれを受ける意思があってそれが合致したこと）が認められるかです。

② 裁判で認定された主な事実

① 本件預金は、平成4年から平成11年までの間は、概ね1年に1回の頻度で新たに預け入れられた。

② 本件預金の預入金額は、概ね贈与税の基礎控除額の範囲内だった。

③ 本件預金のうち平成11年11月25日以前に設定されたものについては、2口分を除き、同日付けで、原告の住所地への住所変更、旧姓から現姓への氏名変更、届出印の変更が行われた。

④ 本件預金のうちその後に開設されたものは、当初から原告の住所地が住所とされ、届出印も原告が用意した印鑑が使用された。

⑤ 亡Aは、平成14年に行われた原告とそれ以外の名義の預金の解約に伴い、その解約資金から原告に金銭X円を交付した。

⑥ 原告は、平成15年以降、亡Aから変更後の届出印の返還を受け所持していた。

これらの事実（だけ）からは、本件預金につき生前に原告らへの贈与があった可能性もうかがえます。しかし、その一方で、亡Aが本件預金を管理・支配していたことを示す次の事実を認定しました。

⑦ 亡Aは、昭和55年頃から、原告ら親族の名義の預金を多数開設していたが、これらを一括して亡A本人の預金とともに自身の手帳に記録していた。

⑧ 本件預金は、いずれも、亡Aが、自らの財産を原資として定期預金としたものであり、平成11年11月25日以前に預け入れられたものについては、預け入れの際、名義人の住所は亡Aの住所地とされ、届出印は亡Aが保管していたものが利用された。

⑨ ③の手続や、その後の新規預け入れにかかる手続も亡Aが行った。

⑩ 亡Aは、上記各手続をした後も、また、平成15年以降、原告

に対して変更後の届出印を返還した後も、本件預金にかかる証書を自ら保管し、原告らに交付しなかった。

⑪　亡Aは、平成14年5月2日と20日、原告を含む親族名義の預金を解約し、その合計額は約Y円、そのうち原告名義の預貯金は約Z円であったところ、亡Aは、原告に対し、同年6月3日、Z円を上回る金額X円を交付した。

⑫　亡Aは、⑪の平成14年5月20日の解約による金銭を自己の普通預金に入金し、その後、同預金から引き出した金銭で亡A名義の土地を取得した。

⑬　原告は、③の手続の以前には本件預金の全容を正確に把握していない。

⑭　本件預金にかかる贈与契約書は作成されていない。

裁判所は、以上の認定事実から「亡Aにおいては、昭和55年頃当時またはその後の各預入の当時、将来の預入金額またはその後の預け入れにかかる各預入金額を、直ちに各名義人に贈与するという確定的な意思があったとまでは認められない」と判断しました。そうすると、当事者間の贈与と受贈の意思の合致を要件とする贈与契約は成立していないという外ありません。原告の主張は退けられ、税務署の処分が認められました。

③　判決の分析

②の事実を総合すると、本件預金の管理・処分の権限は一貫して亡Aにあったといえます。そのことは本件預金の所有者が亡Aであることを顕著に示すものですから、裁判所の判断は妥当と思われます。贈与契約書がないことも問題ですが、原告らが、本件預金を自由に管理・処分できる状態に一度も置かれたことがないことが決定的です。届出の印鑑を原告が保管するようになっても（⑥）、証書がなければどうにもなりません。原告は、それは亡Aが預かっていた、と主張しまし

たが、上記下線部を否定するだけの事実を伴っていません。親族間の贈与であれば、なおさら贈与契約書は作っておくべきですが、それ以上に、その名義人にその預金の贈与があったのであれば、受贈者たる名義人がそれを自由に引き出して使うという事実、または、同人がいつでもそれができる状況があるべきです。

（吉濱　康倫）

参考文献

「令和4年版　譲渡所得・山林所得・株式等の譲渡所得等関係　租税特別措置法通達逐条解説」（佐藤誠一郎編、大蔵財務協会）

「令和4年版　相続税・贈与税関係 租税特別措置法通達逐条解説」（森田哲也編、大蔵財務協会）

「令和5年版　財産評価基本通達逐条解説」（松田貴司編、大蔵財務協会）

「令和6年版　所得税基本通達逐条解説」（今井慶一郎他　共編、大蔵財務協会）

「令和6年版　相続税法基本通達逐条解説」（甲斐裕也編、大蔵財務協会）

※編著者紹介

【編著】

税理士法人タクトコンサルティング

e-mail:info@tactnet.com
URL:http//www.tactnet.com
TEL/03-5208-5400　　FAX/03-5208-5490

税理士・公認会計士の専門家集団として、併設する株式会社タクトコンサルティングと連携して、相続対策と相続税申告、事業承継対策、資本政策、組織再編成、M&A、信託、社団・財団、医療法人等の特殊業務にかかる現状分析、問題点抽出、解決手段の立案・実行という一貫したサービスを提供している資産税専門のコンサルティングファーム。
その特性を活かし、全国の会計事務所と提携し、当該会計事務所の顧問先に対する資産税サービスを提供している。

【執筆者】

代表社員	税理士・公認会計士	平 松 慎 矢
	税理士	青 木 　 喬
	税理士	厚 地 満 里
	税理士	江 﨑 隆 一
	税理士	川 瀬 朋 基
	税理士	工 藤 晴 子
	税理士	小 関 祐 子
	税理士	杉 山 正 義
	税理士	手 塚 　 隆
	税理士	林 　 陽 子
	税理士	廣 瀬 理 佐
	税理士	宮 田 　 卓
	税理士	山 崎 信 義
	税理士	吉 濱 康 倫
		遠 藤 純 一

相続実務に強くなる難易度別82問

"守りから攻め"の生前贈与・相続対策

令和7年1月11日　第1刷発行
令和7年5月21日　第2刷発行

編　著　税理士法人タクトコンサルティング

発　行　株式会社ぎょうせい

〒136-8575　東京都江東区新木場1-18-11
URL：https://gyosei.jp

フリーコール　0120-953-431

ぎょうせい　お問い合わせ　検索　https://gyosei.jp/inquiry/

〈検印省略〉

印刷　ぎょうせいデジタル株式会社　　　　　　　ⓒ2025　Printed in Japan
※乱丁・落丁本はお取り替えいたします。

ISBN978-4-324-11477-3
(5108982-00-000)
〔略号：難易度生前相続〕